INITIALEN

Dörthe Fröhlich

1990 in Hamm geboren, studierte Buchwissenschaft und Publizistik an der Johannes Gutenberg-Universität Mainz und verbrachte ein Auslandssemester an der Aristoteles-Universität in Thessaloniki am Department of Journalism and Mass Media Communication.

Während des Studiums sammelte sie durch Praktika und Werkstudententätigkeit Erfahrungen bei Branchenverbänden und Verlagen zu Vertrieb, Marketing und Lektorat. Zusätzlich engagierte sie sich im Fachschaftsrat des Instituts für Buchwissenschaft und in der Studenteninitiative für Marketing und Medien communicate! e.V.

Seit ihrem Abschluss ist sie bei einem Kinder- und Jugendbuchverlag im Bereich E-Publishing tätig.

INITIALEN 19

Dörthe Fröhlich

Register und digitale Bücher

Problematik, Erstellung und Gebrauchsmehrwert

Gesetzt aus Minion Pro und Myriad Pro
in der Lehrdruckerei des Instituts für Buchwissenschaft
von Laura Döring, Sarah Geiberger, Charlotte Leidig und Magdalena Schlosser

Lektorat Madeleine Kirchgatter und Linda Stutzer

Marketing/PR Melanie Fuchs, Linda Hillerich und Alice Rohn

Printausgabe ISBN 978-3-945883-15-0
EPUB ISBN 978-3-945883-16-7
PDF ISBN 978-3-945883-17-4

INHALT

1 EINLEITUNG UND FORSCHUNGSBERICHT

Register stellen für die verschiedensten Arten von Dokumenten seit langem eine wichtige Möglichkeit dar, Informationen über bestimmte, im Dokument behandelte Themengebiete zu strukturieren und dem Nutzer auf diese Weise ein einfaches Auffinden dieser zu ermöglichen. Die Ursprünge der Registererstellung als Methode zur inhaltlichen Erschließung von Informationssammlungen lassen sich mehrere tausend Jahre weit zurückverfolgen.[1]

Dabei unterlag der Prozess des Indexierens stetigen Veränderungen – sowohl im Hinblick auf die exakte methodische Vorgehensweise und den konkreten Aufbau von Registern als auch bezüglich der sich wandelnden materiellen Trägermedien der Informationen. So gelten Verzeichnisse von auf Tontafeln festgehaltenen Texten, welche um 1.800 vor Christus unter anderem in der heutigen Türkei angefertigt wurden, als erste historisch nachweisbare Vorläufer von Registern. Der erste Index[2] im heutigen Sinn findet sich hingegen in dem auf Papyrusrollen geschriebenen altägyptischen Jenseitsbuch »Amduat« und umfasst neben bildhaften Beschreibungen des thematisierten Inhalts bereits begleitende Kommentare sowie ein separates Namensregister. Mit der Etablierung der Kodexform im ersten Jahrtausend nach Christus erhöhte sich die Benutzerfreundlichkeit von Indexen, da diese aufgrund der Paginierung nun auf schnell auffindbare Seiten verweisen konnten. Durch die Verbreitung des Buchdrucks ab Mitte des 15. Jahrhunderts stieg schließlich die Notwendigkeit weiter an, Zugang zu den in einer ständig wachsenden Anzahl an Büchern verteilten Informationen zu erlangen. Infolgedessen setzten sich in den nachfolgenden Jahrhunderten weitere

1 Vgl. Beare, Geraldine: Past, present and future. In: The Indexer – The International Journal of Indexing Jg. 25 (2007) Nr. 4, S. 257–264, hier S. 257.

2 Die Begriffe »Register« und »Index« sollen nachfolgend synonym verwendet werden.

Elemente moderner Register, wie etwa Querverweise oder genauere Schlagworte, durch.[3]

Auch heutzutage müssen Register und dementsprechend auch der zugehörige Erstellungsvorgang an die sich ändernden Gegebenheiten im Publikationswesen angepasst werden. Hierunter fallen vor allen Dingen digitale Wandlungsprozesse, welche die Buchbranche seit langem stark beeinflussen. Neben technischen Veränderungen in allen Bereichen der Herstellung und Verbreitung von gedruckten Büchern, betreffen diese in erster Linie das Aufkommen von digitalen Büchern als neue Produktform. Aus buchwissenschaftlicher Perspektive ist hierbei besonders interessant, welche Rolle Register in dem wachsenden Segment der E-Books einnehmen. Dabei kommt vermehrt die Frage auf, ob Indexe in digitalen Büchern immer noch von Relevanz sind oder ob diese aufgrund von neuen technischen Möglichkeiten zum Auffinden von Informationen in E-Books, wie etwa der Option zur Volltextsuche, bereits als obsolet angesehen werden können. Gleichzeitig bleibt offen, inwieweit eine geeignete Umsetzung von Registern in digitalen Büchern aufgrund der speziellen Eigenschaften der verschiedenen E-Book-Formate und Lesegeräte überhaupt realisierbar ist.

In der vorliegenden Arbeit soll daher erörtert werden, welche Bedeutung Registern unter Berücksichtigung möglicher Substitute zur Informationsrecherche in digitalen Büchern zukommt. Darüber hinaus soll ergründet werden, inwiefern formatspezifische Eigenschaften von E-Books die technische Erstellung von Registern beeinflussen beziehungsweise welche Anpassungen hierbei von Nöten sind. Der Fokus der Arbeit liegt dabei auf der Frage, welchen Nutzen Register für den Leser von digitalen Büchern haben. Die Untersuchung stützt sich dabei auf vorhandene Literatur aus unterschiedlichen Fachgebieten, welche unter buchwissenschaftlichen Gesichtspunkten im Hinblick auf die spezielle Thematik von Registern in digitalen Büchern analysiert werden soll.

Als Ausgangspunkt der Analyse dient die Auseinandersetzung mit den grundsätzlichen Begriffen und Vorgehensweisen der Registererstellung, da eine differenzierte Betrachtungsweise von Registern in digitalen Büchern ein umfassendes Verständnis dieser Themenbereiche voraussetzt. Demzufolge ist es zunächst notwendig, die für diese Arbeit grundlegenden Begriffe *Regis-*

3 Cleveland, Donald B./Cleveland, Ana D.: Introduction to Indexing and Abstracting. 4. Aufl. Santa Barbara/Denver/Oxford: Libraries Unlimited 2013, S. 33–45.

ter und *Indexieren* zu bestimmen. Zudem muss auf die verschiedenen Formen des Indexierens eingegangen werden, da sich hieraus erhebliche Unterschiede bei den angefertigten Registern ergeben. Anschließend soll konkret der – besonders aus buchwissenschaftlicher Perspektive wichtige – Bereich des Buchregisters als eine spezielle Registerform betrachtet werden, wozu zum einen die wesentlichen Charakteristika und zum anderen die grundsätzlichen Bestandteile eines Buchregisters aufgezeigt werden sollen. Der zweite Teil der Arbeit beschäftigt sich schließlich mit Buchregistern im Kontext digitaler Bücher. Der Schwerpunkt liegt hierbei auf der generellen Problematik bei der Erstellung von Registern in digitalen Büchern, welche sich durch die digitale Darstellung von Inhalten in Form von E-Books ergibt. Zuerst soll der Frage nachgegangen werden, inwiefern sich ein Index als Hilfsmittel zum Auffinden von Informationen von einer digitalen Alternative wie der Volltextsuche unterscheidet. Daraufhin soll geklärt werden, welche technischen Anpassungen im Erstellungsprozess von E-Book-Registern entscheidend sind und inwiefern auch auf inhaltlicher Ebene Veränderungen vorgenommen werden müssen. Abschließen soll die Arbeit mit einem Überblick darüber, welche Mehrwerte ein Buchregister den Nutzern von digitalen Büchern bietet und wie die technischen Möglichkeiten von E-Books zukünftig besser genutzt werden könnten, um die Funktionalität von Indexen zu erhöhen.

Zur Bearbeitung der Fragestellung wurde vornehmlich auf Fachliteratur aus dem englischsprachigen Raum zurückgegriffen. Einen guten Überblick über die unterschiedlichen Facetten der Registererstellung bietet das Werk *Indexing from A to Z* von Hans H. Wellisch. Die genannten Definitionen und Erläuterungen konnten insbesondere für die Darlegung der wesentlichen Merkmale und Bestandteile von Registern und dem damit verbundenen Indexieren genutzt werden. Aufgrund des Alters der Publikation aus dem Jahre 1995 werden neuere Aspekte, wie das Indexieren von E-Books, jedoch nicht thematisiert. Hilfreich war zudem Nancy C. Mulvanys Monographie *Indexing Books*, welche sich speziell mit dem Erstellen von Buchregistern auseinandersetzt und somit eine wichtige Ergänzung darstellt, obwohl hier ebenfalls auf eine Betrachtung von Registern in digitalen Büchern verzichtet wird. Substanzielle theoretische Grundlagen lieferten auch die beiden deutschsprachigen Werke *Das Buchregister* sowie *Inhaltserschließung durch Indexieren: Prinzipien und Praxis* von Robert Fugmann, in welchen sich der Autor intensiv mit den verschiedenen Arten des Indexierens beschäftigt und beispielsweise deren Vor- und Nachteile darlegt. Der Titel *Introduction to*

Indexing and Abstracting von Donald B. und Ana D. Cleveland betrachtet die Registererstellung wiederum aus einer bibliotheks- und informationswissenschaftlichen Perspektive, wobei in einem eigenen Kapitel detailliert auf Buchregister sowie ebenfalls kurz auf Register in digitalen Büchern eingegangen wird. Weitere Grundlagen stammen aus an Indexer adressierten Handbüchern wie *The Indexing Companion* von Glenda Browne und Jon Jeremy, *Handbook of Indexing Techniques* von Linda K. Fetters sowie *Indexing: The Manual of Good Practice* von Pat F. Booth. Trotz der eher praktisch orientierten Sichtweise enthalten diese Publikation viele Informationen, die für den ersten Teil der Arbeit von Nutzen waren. Für die Analyse waren außerdem verschiedene Artikel der Fachzeitschrift *The Indexer – The International Journal of Indexing* essenziell, weil es sich um die einzige Zeitschrift handelt, welche ausschließlich unterschiedliche Bereiche des Indexierens zum Thema hat. Als Beispiel sei etwa Susan Klements Artikel zur Unterscheidung des closed-system und open-system indexing angeführt. Bedeutung erlangt das Periodikum für diese Arbeit auch in der Hinsicht, als dass es viele Artikel enthält, welche sich im Speziellen mit Buchregistern in digitalen Büchern beschäftigen, da dieser Themenkomplex in anderen Publikation häufig entweder nur oberflächlich oder überhaupt nicht behandelt wird. Zu nennen sind einerseits verschiedene Artikel aus der ersten Ausgabe des Jahres 2012, welche sich komplett dem Indexieren im digitalen Kontext widmet, sowie der Artikel *EPUB3 indexes and the future of indexing* von Glenda Browne, Jan Wright und Michele Combs zu diesem Thema. Einen besonderen Stellenwert haben des Weiteren das Kapitel zu E-Book-Registern aus der dritten Auflage des Sammelwerks *Index It Right! Advice From the Experts* und der Artikel *Ebook Navigation: Browse, Search and Index*, beide verfasst von Glenda Browne und Mary Coe. Diese analysieren die Problematik bei der Erstellung von Registern für digitale Bücher und geben zudem einen Überblick über aktuellere Entwicklungen auf diesem Gebiet.

Als Quellen für die Untersuchung wurden im ersten Teil der Arbeit hauptsächlich verschiedene Normen konsultiert, welche Vorgaben über die Registererstellung sowie Begriffsbestimmungen umfassen. Dies gilt jedoch nur für Register in klassischen Printmedien. Eine Überarbeitung im Hinblick auf die Registererstellung für digitale Medien wäre daher wünschenswert. Für die Analyse im zweiten Teil der Arbeit wurden zudem mehrere Blogartikel herangezogen, welche sich explizit mit E-Book-Registern auseinandersetzen. Erwähnenswert sind hierbei besonders die Beiträge von Peter

Meyers und James Lamb. Zwar bieten diese keine wissenschaftlich fundierte Betrachtungsweise, allerdings setzen sich die Autoren in ihrem beruflichen Alltag mit digitalen Büchern beziehungsweise deren Registern auseinander und können somit Anmerkungen und Anregungen aus Praxissicht einbringen.

2 REGISTER ALS HILFSMITTEL ZUM AUFFINDEN VON INHALTEN IN INFORMATIONSSAMMLUNGEN

In buchwissenschaftlichen Beiträgen werden Register im Wesentlichen als geordnete Verzeichnisse von Begriffen aufgefasst, welche ein Werk erschließen.[4] Da diese allgemein gehaltene, fachspezifische Perspektive jedoch nur bedingt ausreicht, um den Themenkomplex rund um das Erstellen von Registern differenziert zu betrachten, sollen im Folgenden zunächst wesentliche Begriffe und Indexierungsarten bestimmt werden, um im Anschluss auf die konkrete Thematik des Buchregisters einzugehen. Das Ganze soll dabei auf Erkenntnissen aus benachbarten Wissenschaftsdisziplinen, wie etwa der Informationswissenschaft, aufbauen, um auf diese Weise eine profunde buchwissenschaftliche Betrachtungsweise zu erarbeiten.

2.1 Begriffsbestimmungen und Indexierungsarten

2.1.1 Begriffsbestimmung »Register«

Der Begriff *Register* beziehungsweise der synonym hierzu verwendete Ausdruck *Index* kann – je nach wissenschaftlichem, beruflichem oder gesellschaftlichem Kontext – verschiedene Bedeutungen haben.[5] So steht *Index* im wirtschaftlichen Bereich beispielsweise für einen Messwert[6], während ein *Register* unter anderem den Stimmenzug bei einer Orgel darstellt.[7]

4 Vgl. hierzu exemplarisch Rautenberg, Ursula: Register. In: Reclams Sachlexikon des Buches. Hrsg. von Ursula Rautenberg. 2., verb. Aufl. Stuttgart: Philipp Reclam jun. 2003, S. 427f. sowie Hiller, Helmut/ Füssel, Stephan: Wörterbuch des Buches. 7., grundlegend überarb. Aufl. Frankfurt am Main: Vittorio Klostermann 2006, S. 269.

5 Vgl. Wellisch, Hans H.: Indexing from A to Z. 2., überarb. u. erw. Aufl. New York/Dublin: H. W. Wilson 1995, S. 199–210.

6 Vgl. ebenda, S. 204–209.

7 Vgl. Duden. Die deutsche Rechtschreibung. Auf Grundlage der aktuellen amtlichen Rechtschreibregeln (Duden Band 1). Hrsg. von der Dudenredaktion. 26., völlig neu bearb. u. erw. Aufl. Berlin: Bibliographisches Institut 2003, S. 883.

Eine für diese Arbeit relevante Begriffsfassung bietet unter anderem die International Organization for Standardization, welche in einer internationalen Norm Richtlinien für die Erstellung und Darstellung von Registern aufgestellt hat. Als Register wird dabei Folgendes aufgefasst: »Alphabetically or otherwise ordered arrangement of entries, different from the order of the document or collection indexed, designed to enable users to locate information in a document or specific documents in a collection.«[8] Auch das Deutsche Institut für Normung versteht unter einem Register

> *eine Suchhilfe zur Erschließung von Informationssammlungen über die vorgegebene Ordnung der Informationssammlung hinaus. Es besteht aus Registereinträgen, die nach einem anderen Prinzip geordnet sind als die zugrundeliegende Informationssammlung selbst.*[9]

Diesen beiden Erläuterungen zufolge können Register also zunächst als eine in alphabetischer oder andersartiger Reihenfolge strukturierte Anordnung von sogenannten Registereinträgen angesehen werden, wobei diese anders angeordnet sind als das indexierte Original. Indexiert werden können generell jegliche Arten von Dokumenten respektive Informationssammlungen[10], wie etwa Bücher oder Zeitschriften, aber auch Bilder, multimediale Objekte und Datenbanken.[11] Ein Register dient hierbei hauptsächlich als Suchhilfe, um Inhalte innerhalb der Informationssammlung leicht auffindbar zu machen.[12] Nancy C. Mulvany wiederum ergänzt die oben genannten Darlegungen um ein weiteres für diese Arbeit wesentliches Merkmal von Indexen. Ihr zufolge ist ein Register eine »structured sequence – resulting from a thorough and complete analysis of text – of synthesized access points to all the information contained in the text. The structured arrangement of the index enables users to locate information efficiently.«[13] Register sind demnach immer auch das Ergebnis einer intellektuellen Analyse des vorliegenden Textes beziehungsweise der vorliegenden Informationssammlung. Auf diese Weise lassen sich Indexe deutlich gegenüber reinen Konkordanzen – also geordneten

8 International Organization for Standardization: Guidelines for the content, organization, and presentation of indexes (ISO 999). Genf: ISO 1996, S. 2.

9 Deutsches Institut für Normung: Registererstellung. Begriffe, Formale Gestaltung von gedruckten Registern (DIN 31630, Teil 1). Berlin: Beuth 1988 , S. 2.

10 Die Begriffe »Informationssammlung« und »Dokument« sollen nachfolgend synonym verwendet werden.

11 Vgl. Booth, Pat F.: Indexing: The Manual of Good Practice. München: K. G. Saur 2001, S. 3.

12 Vgl. Fetters, Linda K.: Handbook of Indexing Techniques. A Guide for Beginning Indexers. 5. Aufl. Medford: Information Today 2013, S. 13.

13 Mulvany, Nancy C.: Indexing Books. 2. Aufl. Chicago/London: The University of Chicago Press 2005, S. 8.

Zusammenstellungen von extrahierten Textwörtern ohne intellektuelle Analyse[14] – abgrenzen.[15] Aufgrund der fehlenden Interpretation des Dokumentinhalts können Konkordanzen somit einem wesentlichen Kriterium von Registern – namentlich deren Funktion als Hilfsmittel zum Auffinden von Informationen – in der Regel nicht entsprechen, vielmehr erschweren Konkordanzen häufig den Informationsgewinn auf Seiten der Nutzer.[16]

Im Folgenden sollen Register daher als in einer bestimmten Reihenfolge angeordnete Registereinträge angesehen werden, welche durch eine intellektuelle Analyse der zu indexierenden Informationssammlung entstehen und nach einer anderen Methode als das Original strukturiert sind, wobei sie es dem Nutzer ermöglichen, bestimmte Inhalte innerhalb der Informationssammlung effizient aufzufinden.

2.1.2 *Begriffsbestimmung »Indexieren« im Hinblick auf die Charakteristika des Extraktions- und Zuteilungsindexierens*

In der Informationswissenschaft wird *Indexieren* zunächst als ein »zentraler Teil der inhaltlichen Erschließung«[17] angesehen. Konkret geht es dabei um »das Zuordnen von Deskriptoren oder Notationen zu einer dokumentarischen Bezugseinheit zur Wiedergabe der einzelnen darin enthaltenen Sachverhalte.«[18] Robert Fugmann liefert eine genauere Beschreibung dieses Prozesses, nach ihm ist Indexieren »erstens das Erkennen der (wiederauffindbar zu machenden) Essenz eines Textes und zweitens das Wiedergeben dieser Essenz in einer ausreichend spezifischen und gut voraussehbaren, das heißt ‚indexsprachigen' Form.«[19] Beim Indexieren gilt es also einerseits, relevante Inhalte eines Dokuments zu identifizieren und diese gleichzeitig gegenüber beiläufigen Erwähnungen von weiteren Themengebieten abzugrenzen.[20] Maßgeblich ist dabei ebenfalls die Berücksichtigung der Interessen

14 Vgl. Fugmann, Robert: Inhaltserschließung durch Indexieren: Prinzipien und Praxis (Informationswissenschaft der DGD 3). Frankfurt am Main: Deutsche Gesellschaft für Dokumentation e.V. 1999, S. 114.

15 Vgl. Mulvany: Indexing Books, S. 8.

16 Vgl. Fugmann, Robert: Das Buchregister. Methodische Grundlagen und praktische Anwendungen (Informationswissenschaft der DGI 10). Frankfurt am Main: Deutsche Gesellschaft für Informationswissenschaft und Informationspraxis e.V. 2006, S. 32.

17 Knorz, Gerhard: Informationsaufbereitung II: Indexieren. In: Grundlagen der praktischen Information und Dokumentation. 5., völlig neu gefasste Aufl. Hrsg. von Rainer Kuhlen, Thomas Seeger und Dietmar Strauch. München: K. G. Saur 2004, S. 179–188, hier S. 181.

18 Deutsches Institut für Normung: Indexierung zur inhaltlichen Erschließung von Dokumenten. Begriffe, Grundlagen (DIN 31623, Teil 1). Berlin: Beuth 1988, S. 2.

19 Fugmann: Inhaltserschließung durch Indexieren: Prinzipien und Praxis, S. 102.

20 Vgl. Wellisch: Indexing from A to Z, S. 219f.

potenzieller Nutzergruppen: »Effective subject indexing involves deciding not only what a document is about but also why it is likely to be of interest to a particular group of users.«[21] Andererseits muss das Wiederauffinden dieser Informationen mithilfe von geeigneten Schlagwörtern – welche im Gegensatz zu Stichwörtern nicht eine aus dem Wortlaut des Dokuments extrahierte lexikalische Ausdrucksweise darstellen müssen[22] – sowie einem entsprechenden Verweis auf die Fundstelle der Information gewährleistet werden.[23] Diese Vorgehensweise des Indexierens wird auch als Zuteilungsindexieren bezeichnet und unterscheidet sich wesentlich von der zweiten grundlegenden Indexierungsart, dem Extraktionsindexieren.[24] Bei letztgenannter Indexierungsvariante werden die Indextermini als sogenannte Stichwörter dem zu indexierenden Dokument direkt entnommen, wobei »[z]ur Vermeidung allzu großer Heterogenität auf der sprachlichen Ebene«[25] Vereinheitlichungen ihrer morphologischen Form vorgenommen werden können.[26] Das Extraktionsindexieren ist somit nicht zur Erstellung von Registern im Sinne der in 2.1.1 genannten Begriffsbestimmung geeignet, sondern dient dem Anfertigen von Konkordanzen beziehungsweise konkordanzähnlichen Listen.[27] Abgesehen von einigen Ausnahmen – beispielsweise beim ausschließlichen Vorhandensein von Individualbegriffen in Telefonverzeichnissen oder Autorenregistern – reicht diese Methodik jedoch nicht aus, um den Nutzern die Gesamtheit der Informationen eines Dokuments zugänglich zu machen.[28] Zurückzuführen ist diese Tatsache auf die sogenannten »[r]echerchehinderliche[n] Eigenschaften der natürlichen Sprache«[29]. Nach Robert Fugmann sind hierbei vier Charakteristika besonders relevant: Zu nennen ist zunächst die große Vielfalt an gleichwertigen Ausdrucksweisen der Natursprache.[30] So erschweren neben unterschiedlichen lexikalischen Bezeichnungen für denselben Begriff, den Synonymen, beispielsweise auch nichtlexikalische, paraphrasierende Ausdrucksweisen oder Unterbegriffe

21 Lancaster, F. W.: Indexing and Abstracting in Theory and Practice. 3. Aufl. Champaign: University of Illionois/Graduate School of Library and Information Science 2003, S. 9.

22 Vgl. Fugmann: Inhaltserschließung durch Indexieren: Prinzipien und Praxis, S. 221.

23 Vgl. Wellisch: Indexing from A to Z, S. 219f.

24 Vgl. Fugmann: Inhaltserschließung durch Indexieren: Prinzipien und Praxis, S. 107–133.

25 Ebenda, S. 108.

26 Vgl. Fugmann: Das Buchregister, S. 30.

27 Vgl. ebenda, S. 30.

28 Vgl. Fugmann: Inhaltserschließung durch Indexieren: Prinzipien und Praxis, S. 111.

29 Fugmann: Das Buchregister, S. 13.

30 Vgl. ebenda, S. 14–16.

eines Allgemeinbegriffs die Vorhersehbarkeit der natürlichen Sprache.[31] Des Weiteren stellt die Mehrdeutigkeit von natursprachigen Wörtern, deren Bedeutung sich häufig erst aus dem Kontext erschließen lässt und die auch als Homonyme bezeichnet werden, ein weiteres Recherchehindernis dar.[32] Hinzu kommen die Lückenhaftigkeit sowie die Weitschweifigkeit der natursprachigen Ausdrucksweise: Auf der einen Seite kommt es in Dokumenten oft zu textlichen Auslassungen von bestimmten Informationen, da diese durch die Interpretation des Nutzers leicht erschlossen werden können. Auf der anderen Seite finden sich ebenfalls beiläufige Erwähnungen von Begriffen innerhalb des Textes, welche für das Lokalisieren von konkreten Informationen nutzlos sind.[33] Um das Auffinden aller essenziellen Informationen innerhalb einer Informationssammlung zu gewährleisten, bedarf es demnach einer künstlichen Sprache und der Vergabe von Schlagwörtern, wie es beim Zuteilungsindexieren geschieht: »Im Regelfall wird man also Texten zum Zweck ihrer inhaltlichen Erschließung inhaltskennzeichnende Wörter *zuteilen* müssen, Wörter also, die im Text nicht verbal vorkommen.«[34]

Aus diesem Grund soll nachstehend unter *Indexieren* in erster Linie das sogenannte Zuteilungsindexieren verstanden werden, welches das Erkennen von substanziellen Inhalten eines Textes sowie die Gewährleistung des Wiederauffindens von Informationen durch Schlagwörter und Verweise auf die Fundstellen umfasst. Damit der Nutzer dabei Zugang zu allen entscheidenden Informationen erhält, müssen durch die Verwendung einer künstlichen Indexsprache sowohl die Bedeutungen von Textwörtern erklärt als auch paraphrasierenden Ausdrucksweisen lexikalisiert, sprachliche Ellipsen aufgefüllt und Nebensächlichkeiten ausgeschlossen werden.

2.1.3 *Open-system und closed-system indexing als wesentliche Indexierungsarten des Zuteilungsindexierens*

Im Allgemeinen kann im Bezug auf die zu indexierenden Informationssammlungen beim Zuteilungsindexieren zwischen zwei wesentlichen Formen des Indexierens – dem sogenannten open-system und closed-system

31 Vgl. Fugmann: Inhaltserschließung durch Indexieren: Prinzipien und Praxis, S. 36–39.

32 Vgl. Bertram, Jutta: Einführung in die inhaltliche Erschließung. Grundlagen – Methoden – Instrumente (Content and Communicaten – Terminology, Language Resources and Semantic Interoperability 2). Würzburg: Ergon Verlag 2005, S. 37–41.

33 Vgl. Fugmann: Das Buchregister, S. 21–23.

34 Fugmann: Inhaltserschließung durch Indexieren: Prinzipien und Praxis, S. 115.

indexing[35] – differenziert werden, wobei besonders in der englischsprachigen Fachliteratur sehr viele uneinheitliche Bezeichnungen hierfür vorherrschen.[36] Im Folgenden soll jedoch die von Barbara M. Preschel erstmals eingeführte Terminologie des open-system und closed-system indexing genutzt werden[37], da diese inzwischen in der neueren Fachliteratur die größte Verbreitung gefunden hat.[38] Analog zu der Unterteilung von Susann Klement können die Unterschiede dieser beiden Indexierungsarten insbesondere anhand von vier Kategorien – namentlich den generellen Charakteristika, den Merkmalen des indexierten Materials, dem genutzten Vokabular sowie den an der Registererstellung beteiligten Indexern – verdeutlicht werden.[39]

Als essenzielles Kriterium zur Unterscheidung der zwei Formen der Registererstellung kann im Bereich der allgemeinen Charakteristika der Zweck des Indexierens betrachtet werden: Während durch das closed-system indexing das Auffinden von Informationen innerhalb eines Dokuments vereinfacht werden soll, ist das open-system indexing dazu gedacht, den Nutzer dabei zu unterstützen, ein oder mehrere Dokumente innerhalb einer Sammlung oder Datenbank ausfindig zu machen, welche wiederum die gesuchten Informationen enthalten.[40] Dementsprechend wird beim closed-system indexing üblicherweise ein einzelnes, in sich geschlossenes Dokument indexiert, open-system indexing hingegen befasst sich mit einer Sammlung oder einer Datenbank, welche zumeist fortwährend wächst.[41] Auch beim Erstellungsprozess zeigen sich häufig signifikante Unterschiede zwischen den beiden Indexierungsarten. Dies äußert sich zunächst in der Dauer der Projekte: Im Gegensatz zum closed-system indexing, erstreckt sich die Registererstellung beim open-system indexing oft über sehr lange, teilweise sogar

35 Im Deutschen könnten diese Begriffe in etwa mit der Indexierung von Dokumentsammlungen auf Dokumentebene sowie der Indexierung der Inhalte einzelner Dokumente umschrieben werden, der besseren Verständlichkeit halber sollen im Folgenden jedoch die englischen Begriffe Verwendung finden.

36 Vgl. Klement, Susan: Open-system versus closed-system indexing. A vital distinction. In: The Indexer – The International Journal of Indexing Jg. 23 (2002) Nr. 1, S. 23–31, hier S. 25.

37 Vgl. Preschel, Barbara M.: Indexing for print, online, and CD-ROM. In: Indexing. The State of Our Knowledge and the State of Our Ignorance. Proceedings of the 20th Annual Meeting of the American Society of Indexers, New York City, May 13, 1988. Hrsg. von Bella Hass Weinberg. Medford: Learned Information 1989, S. 51–59.

38 Vgl. etwa Mulvany: Indexing Books, S. 4f. oder Browne, Glenda/Jeremy, Jon: The Indexing Companion. Cambridge u.a.: Cambridge University Press 2007, S. 29.

39 Vgl. Klement: Open-system versus closed-system indexing, S. 25–27.

40 Vgl. ebenda, S. 23f.

41 Vgl. Mulvany: Indexing Books, S. 4.

unbefristete Zeiträume.[42] Zudem wird der Inhalt der Informationssammlung beim closed-system indexing vollständig und sehr detailliert analysiert, beim open-system indexing beschreibt der Indexer die unterschiedlichen Dokumente mithilfe von wenigen grundlegenden Deskriptoren, eine tiefgehende Analyse bleibt dabei jedoch meistens aus.[43] Registereinträge des closed-system indexing weisen demzufolge eine weit größere Spezifität auf als dies beim open-system indexing der Fall ist.[44] Dies resultiert in unterschiedlich gearteten Registereinträgen, welche beim closed-system indexing kurz gehaltene Bezüge zu partikulären Seiten, Spalten, Paragraphen oder sogar Zeilen aufführen, beim open-system indexing indes längere, teilweise komplette bibliographische Einträge beinhalten.[45] Des Weiteren zeigen sich auch beim fertigen Produkt symptomatische Unterschiede zwischen den beiden Indexierungsarten. So wird beim closed-system indexing der Index zusammen mit dem eigentlichen Dokument veröffentlicht, während es beim open-system indexing vorkommen kann, dass das Register erst nach dem Erscheinen des indexierten Produkts erstellt und dem Nutzer zur Verfügung gestellt wird.[46]

Die bestehende Divergenz der beiden Indexierungsarten spiegelt sich ebenfalls in den Kennzeichen des indexierten Materials wider. Inhaltlich werden beim closed-system indexing im Wesentlichen einige eng miteinander verbundene Themenbereiche betrachtet, beim open-system indexing hingegen stehen viele verschiedene Aspekte im Fokus, welche partiell keinerlei Verbindung aufweisen.[47] Überdies ergibt sich bei den zu indexierenden Dokumenten des open-system indexing im Gegensatz zu denen des closed-system indexing aufgrund der Menge an verschiedenen Autoren das Fehlen einer durchgehend verwendeten Terminologie respektive weiterer grammatikalischer Gegebenheiten, wie etwa eine einheitliche Nutzung der Schreibweise, der Silbentrennung oder von Abkürzungen.[48]

Ein weiterer Bereich, durch welchen sich das open-system indexing und das closed-system indexing unterscheiden, sind die für die Register verwendeten Schlagwörter. Beim closed-system indexing beziehen sich diese oft auf das zu indexierende Dokument, ohne dass eine bestimmte Wortwahl vorge-

42 Vgl. Klement: Open-system versus closed-system indexing, S. 25.
43 Vgl. Booth: Indexing: The Manual of Good Practice, S. 3f.
44 Vgl. Klement: Open-system versus closed-system indexing, S. 26.
45 Vgl. Booth: Indexing: The Manual of Good Practice, S. 3f.
46 Vgl. Klement: Open-system versus closed-system indexing, S. 25.
47 Vgl. ebenda, S. 26.
48 Vgl. Wellisch: Indexing from A to Z, S. 85f.

geben ist.[49] Für das open-system indexing wird jedoch in der Regel auf ein zuvor definiertes Vokabelverzeichnis zurückgegriffen, »because consistency across topics and time is paramount to such indexes.«[50] Infolgedessen weisen die genutzten Begriffe des closed-system indexing eine höhere Genauigkeit als die des open-system indexing auf.[51]

Darüber hinaus können die an der Registererstellung beteiligten Indexer ebenfalls als Unterscheidungsmerkmal herangezogen werden. Während das closed-system indexing größtenteils nur von einem Autor übernommen wird, arbeiten beim open-system indexing gewöhnlich mehrere Personen an einem Projekt.[52]

Ein typischer Gegenstandsbereich des open-system indexing ist das Erstellen von Registern von Fachzeitschriftenartikeln für bibliographische Datenbanken, aber auch das Indexieren von Webseiten oder Sammlungen in Bibliotheken, Museen oder Archiven fällt unter diese Kategorie.[53] Als klassisches Beispiel für das closed-system indexing sind Buchregister – sowohl bei Printexemplaren als auch bei digitalen Büchern – zu nennen, auf welche im nachfolgenden Kapitel detaillierter eingegangen werden soll.[54] Wichtig zu beachten bleibt, dass sich nicht jede Registererstellung explizit einer der dichotomen Kategorien des Indexierens zuordnen lässt: »An individual indexing project may be, to a greater or lesser extent, a hybrid of the two systems.«[55] Der Indexierungsprozess von Buchreihen, Jahresberichten oder Sitzungsprotokollen etwa kann sowohl Elemente des open-system indexing als auch Charakteristika des closed-system indexing aufweisen.[56]

2.2 Das Buchregister als spezielle Registerform

2.2.1 Buchregister als typisches Beispiel des closed-system indexing

Generell stehen dem Leser eines Buches verschiedene Optionen zur Wiederauffindung bestimmter Themen innerhalb dieser Informationssammlung zur Verfügung: Neben dem simplen Durchblättern der Seiten, dem sogenannten »browsing«, zählen hierzu insbesondere die Nutzung des

49 Vgl. Browne/Jeremy: The Indexing Companion, S. 29f.

50 Cleveland/Cleveland: Introduction to Indexing and Abstracting, S. 190.

51 Vgl. Klement: Open-system versus closed-system indexing, S. 26.

52 Vgl. Cleveland/Cleveland: Introduction to Indexing and Abstracting, S. 190.

53 Vgl. Browne/Jeremy: The Indexing Companion, S. 30.

54 Vgl. Mulvany: Indexing Books, S. 5.

55 Klement: Open-system versus closed-system indexing, S. 28.

56 Vgl. Browne/Jeremy: The Indexing Companion, S. 30.

Inhaltsverzeichnisses sowie des Buchregisters.[57] Buchregister komplementieren dabei das Inhaltsverzeichnis »by enabling access to information by specific subject, whereas contents listings enable access through broad divisions of the text arranged in the order they occur.«[58] Demzufolge sind Buchregister substanziell zum Auffinden von detaillierten Informationen in Büchern und sollten speziell bei nicht-belletristischen Werken wie Sach- und Fachbüchern sowie Ratgebern ein integraler Bestandteil des Buches sein.[59]

Buchregister teilen dabei die allgemeinen Charakteristika von Registern im Sinne der Begriffsbestimmung in Kapitel 2.1.1 und stellen im Speziellen ein typisches Beispiel des closed-system indexing dar.[60] Letzteres ist zunächst an dem Verwendungszweck von Buchregistern erkennbar. Diese fungieren als »a pointer to specific details discussed in the book«[61] und dienen dem Leser dazu, bestimmte Inhalte innerhalb des Buches ausfindig zu machen.[62] Auch der Erstellungsprozess eines Buchregisters weist klassische Merkmale des closed-system indexing auf. So ist die Dauer der Registererstellung üblicherweise auf einen kürzeren Zeitraum begrenzt und gilt danach als abgeschlossen, was in einem Buchregister resultiert, welches – mit Ausnahme von Neuauflagen – nicht mehr verändert wird.[63] Der Index wird prinzipiell als physischer Bestandteil des gedruckten Buches veröffentlicht – meist am Ende eines Werkes – und steht dem Nutzer folgenderweise direkt zur Verfügung.[64] Wie beim closed-system indexing als Form des Zuteilungsindexierens üblich, erfolgt auch bei der Anfertigung von Buchregistern eine detaillierte Analyse des Dokumentinhalts.[65] Dazu zählt sowohl die Unterscheidung zwischen relevanten und irrelevanten Themen, der Ausschluss von beiläufigen sowie die Identifizierung nicht explizit genannter Erwähnungen eines Themengebiets als auch die Herstellung wechselseitiger Beziehungen zwischen den Schlagwörtern und der endgültigen Anfertigung von Registereinträgen, deren Aufbau und Bestandteile im nächsten Kapitel genauer erläutert werden sollen.[66] Berücksichtigt werden bei der Registerstellung alle indexierbaren

57 Vgl. Fugmann: Das Buchregister, S. 7.

58 Collison, Robert L.: Book Collecting. London: Ernest Benn 1957, S. 121.

59 Vgl. Schickerling, Michael/Menche, Birgit: Bücher machen. Ein Handbuch für Lektoren und Redakteure (Edition Buchhandel 13). Frankfurt am Main: Bramann Verlag 2004, S. 123.

60 Vgl. Browne/Jeremy: The Indexing Companion, S. 30.

61 Cleveland/Cleveland: Introduction to Indexing and Abstracting, S. 190.

62 Vgl. Fugmann: Inhaltserschließung durch Indexieren: Prinzipien und Praxis, S. 143.

63 Vgl. Browne/Jeremy: The Indexing Companion, S. 29.

64 Vgl. Wellisch: Indexing from A to Z, S. 87.

65 Vgl. Fugmann: Das Buchregister, S. 23.

66 Vgl. Mulvany: Indexing Books, S. 10–13.

Seiten eines Buches – der Vorspann, die Titelseiten, das Inhaltsverzeichnis, Seiten mit Werbung sowie das Literaturverzeichnis fallen jedoch nicht darunter.[67] Indexiert werden bei Büchern weithin eng miteinander verknüpfte Themenkomplexe, welche meist eine gewisse sprachliche Konsistenz aufweisen.[68] Bei der Auswahl der Schlagwörter für ein Buchregister wird grundsätzlich auf die Verwendung eines zuvor festgelegtes Vokabelverzeichnisses verzichtet, vielmehr entscheidet der Indexer hierüber individuell[69], wobei stets die vorhandene Terminologie des Buches berücksichtigt werden sollte.[70] Die Schlagwörter weisen demnach eine relativ große Spezifität auf.[71] Die Registererstellung wird dabei normalerweise von einem einzelnen Indexer übernommen, der sich intensiv mit den jeweiligen Inhalten auseinandersetzt.[72]

Buchregister können demnach als eine spezielle Registerform angesehen werden, deren Einträge durch das closed-system indexing im Sinne des Zuteilungsindexierens entstehen und die insbesondere in nicht-belletristischen Werken durch ihre Funktion als Recherchehilfe einen Zusatznutzen für den Leser darstellen.

2.2.2 *Aufbau und Bestandteile von Buchregistern*

Der exakte Aufbau von Buchregistern kann – je nach vorliegender Publikation – partiell variieren, generell setzen sich Buchregister aber aus vier wesentlichen Strukturelementen zusammen: den Haupteinträgen, den Untereinträgen, den Fundstellenangaben sowie den Verweisungen.[73] Falls das Register von standardmäßigen Indexen abweicht oder dessen Geltungsbereich eingeschränkt ist, besteht zudem die Möglichkeit, dem Register eine einführende Anmerkung voranzustellen.[74] Diese kann etwa darlegenaufführen, inwiefern auch Fußnoten oder Illustrationen indexiert wurden, ob die Untereinträge alphabetisch oder chronologisch sortiert wurden beziehungsweise wie Abkürzungen aufgeführt wurden.[75]

67 Vgl. Uschtrin, Sandra: Die Kunst des Indexierens. Interview mit Jochen Fassbender. In: Federwelt – Zeitschrift für Autorinnen und Autoren Jg. 13 (2010) Nr. 83, S. 4–10, hier S. 4.
68 Vgl. Wellisch: Indexing from A to Z, S. 85.
69 Vgl. Cleveland/Cleveland: Introduction to Indexing and Abstracting, S. 197f.
70 Vgl. Mulvany: Indexing Books, S. 11f.
71 Vgl. Wellisch: Indexing from A to Z, S. 441.
72 Vgl. Cleveland/Cleveland: Introduction to Indexing and Abstracting, S. 190.
73 Vgl. Mulvany: Indexing Books, S. 77f.
74 Vgl. Fetters: Handbook of Indexing Techniques, S. 57f.
75 Vgl. Wellisch: Indexing from A to Z, S. 244f.

Die Haupteinträge eines Buchregisters, welche primär aus den in 2.1.2 bereits thematisierten Schlagwörtern bestehen, stellen den elementaren Zugangspunkt der Nutzer zu den Informationen des jeweiligen Werkes dar.[76] Ein Haupteintrag soll demnach die relevanten Aussagen einer Informationssammlung in einer für den Nutzer gut voraussehbaren und prägnanten Form wiedergeben.[77] Dabei bestehen Haupteinträge in der Regel aus Nomen oder Nomen mit vorangestellten Adjektiven, jedoch nicht aus einzelnen Adjektiven oder Adverbien.[78] Außerdem müssen die verwendeten Schlagwörter eindeutig sein, da ansonsten die Nutzbarkeit von Buchregistern eingeschränkt wird.[79] Bei Homonymen kann eine konkrete Bedeutungserklärung beispielsweise durch einen Zusatz, auch »qualifier« genannt, erfolgen.[80]

Da umfangreiche Inhalte eines Buches durch ein einzelnes Schlagwort häufig nur unzureichend umschrieben werden können, werden die Haupteinträge von Buchregistern in der Regel durch Untereinträge konkretisiert.[81] Die Untereinträge stehen dabei in einem logischen Zusammenhang zu den Haupteinträgen, deren unterschiedliche Aspekte sie spezifizieren.[82] Auf diese Weise ist es für Nutzer eines Registers nicht notwendig, verschiedene – möglicherweise für ihre Suche nutzlose – Fundstellen nachschlagen zu müssen, um die gesuchte Information zu erhalten: »The purpose of subheadings is to filter information about a topic further so readers can perform a more refined search for information.«[83]

Sowohl Haupt- als auch Untereinträge verweisen mithilfe von Fundstellenangaben auf diejenigen Passagen eines Dokuments, in welchen die gesuchten Informationen gefunden werden können.[84] Eine Fundstellenangabe ist demnach »the part of an entry in an index that indicates the location of the documentary unit to which the entry refers.«[85] In Registern von gedruckten Büchern setzen sich diese üblicherweise aus den Seitenzahlen zusammen.[86]

76 Vgl. Fugmann: Das Buchregister, S. 36.
77 Vgl. ebenda, S. 37.
78 Vgl. Mulvany: Indexing Books, S. 79.
79 Vgl. Fugmann: Das Buchregister, S. 37.
80 Vgl. Wellisch: Indexing from A to Z, S. 228.
81 Vgl. Booth: Indexing: The Manual of Good Practice, S. 105–107.
82 Vgl. Stauber, Do Mi: Facing the Text. Content and Structure in Book Indexing. Eugene: Cedar Row Press 2004, S. 149–158.
83 Mulvany: Indexing Books, S. 85f.
84 Vgl. Fugmann: Inhaltserschließung durch Indexieren: Prinzipien und Praxis, S. 159.
85 Wellisch, Hans H.: Glossary of Terminology in Abstracting. Classification, Indexing and Thesaurus Construction. 2. Aufl. Medford: Information Today 2000, S. 42.
86 Vgl. Browne/Jeremy: The Indexing Companion, S. 99.

Im Allgemeinen ist die Bedingung für eine Fundstellenangabe jedoch »das Vorhandensein eindeutiger formaler Merkmale in der Informationssammlung selbst, mit deren Hilfe die Fundstelle bezeichnet werden kann.«[87] Somit können Fundstellenangaben beispielsweise auch in Form von Abschnitts- oder Zeilennummern dargestellt werden, wodurch einerseits ein schnelleres Auffinden von Informationen seitens der Nutzer ermöglicht wird und andererseits das Indexieren unabhängig vom Abschluss des Seitenumbruchs durchgeführt werden kann.[88] Treten bei der Registererstellung sehr viele Fundstellen für ein einzelnes Thema auf, werden diese als Differenzierungen in den oben genannten Untereinträgen aufgeführt, wobei nur die Untereinträge mit Fundstellenangaben versehen werden, nicht jedoch der Haupteintrag.[89] Um die Benutzerfreundlichkeit eines Index zu erhöhen, verdeutlicht die Fundstellenangabe sowohl den Beginn als auch das Ende der Diskussion eines bestimmten Schlagworts innerhalb des Buches.[90] Gekennzeichnet wird diese zusammenhängende Besprechung eines Themas in der Regel durch die Angabe eines Seitenbereichs als Fundstelle.[91] Demgegenüber werden nicht kontinuierliche Erörterungen eines Schlagworts gewöhnlich durch das Auflisten der Fundstellenangaben für die einzelnen relevanten Seiten angezeigt.[92] Darüber hinaus können Fundstellenangaben auch mit Annotationen oder anderen Auszeichnungsarten versehen werden, um darauf hinzuweisen, dass sich ein Indexeintrag auf Illustrationen, wie zum Beispiel Fotografien, Zeichnungen, Karten oder Diagramme, bezieht.[93]

Aufgrund der Tatsache, dass ein spezifisches Thema innerhalb eines Buches durch verschiedene Schlagwörter beschrieben werden kann, besteht die Notwendigkeit, einen Nutzer auf diese verschiedenen Zugangspunkte in einem Index aufmerksam zu machen, um so die Brauchbarkeit eines Regis-

87 Deutsches Institut für Normung: Registererstellung, S. 4.

88 Vgl. Mulvany: Indexing Books, S. 101f.

89 Vgl. Wellisch: Indexing from A to Z, S. 279–284. Aufgrund der häufig auftretenden Begrenzungen von Registern auf eine bestimmte Seitenanzahl kann diese Vorgehensweise unter Umständen nicht immer eingehalten werden. Für Lösungsvorschläge im Hinblick auf dieses Problem vgl. Browne/Jeremy: The Indexing Companion, S. 100f.

90 Vgl. Fugmann: Das Buchregister, S. 50.

91 Vgl. Browne/Jeremy: The Indexing Companion, S. 102–104.

92 Vgl. Wellisch: Indexing from A to Z, S. 278f.

93 Vgl. Mulvany: Indexing Books, S. 97–100.

ters zu erhöhen.[94] Dies geschieht mithilfe von Verweisungen, welche somit »internal navigation guides within the index«[95] darstellen. Diese können in die folgenden zwei Kategorien unterteilt werden: *siehe auch*-Verweisungen und *siehe*-Verweisungen.[96] Erstere Verweisungsart wird in Registereinträgen mit Fundstellenangaben genutzt und deutet den Nutzer auf weitere Informationen hin, welche unter einem anderen Haupt- oder Untereintrag gefunden werden können.[97] Die in einer bestimmten Beziehung zueinanderstehenden Schlagwörter werden durch die *siehe auch*-Verweisung also reziprok verknüpft[98], wobei diese Vorgehensweise insbesondere für hierarchische oder assoziative Begriffe gilt.[99] Eine *siehe*-Verweisung hingegen enthält keine eigene Fundstellenangabe und »führt den Registerbenutzer von einer von ihm aufgesuchten Benennung auf die im Register verwendete Vorzugsbenennung.«[100] Auf diese Weise werden äquivalente Begriffe miteinander verbunden und der Nutzer erfährt, unter welchem Schlagwort sich die zugehörigen Fundstellenangaben befinden.[101] Bei diesen bedeutungsgleichen Benennungen handelt es sich beispielsweise um Synonyme, Antonyme, Namenswechsel, Abbreviationen, Akronyme oder Variationen der Schreibweise.[102] Wenn einem Index genügend Platz zur Verfügung steht, besteht außerdem die Möglichkeit, Doppeleinträge anstelle von *siehe*-Verweisungen zu nutzen.[103] Dabei werden die Fundstellenangaben bei beiden Registereinträgen angegeben, anstatt den Nutzer auf einen anderen Eintrag zu verweisen.[104]

Die Gestaltung und das Layout des gesamten Buchregisters sowie der einzelnen Indexbestandteile können in ihrer Form von Buch zu Buch stark variieren, sollten aber immer die Nutzbarkeit des Registers als Hilfsmittel zum Auffinden von Informationen berücksichtigen: »Ideally, all decisions regar-

94 Vgl. Fugmann: Das Buchregister, S. 54. Untersuchungen zu diesen Verweisungen zeigen jedoch, dass diese vom Nutzer nicht immer korrekt verstanden werden, was wiederum die Benutzerfreundlichkeit eines Registers einschränken kann. Vgl. hierzu unter anderem Jörgensen, Corinne/Liddy, Elizabeth D.: Information access or information anxiety? – an exploratory evaluation of book index features. In: The Indexer – The International Journal of Indexing Jg. 20 (1996) Nr. 2, S. 64–68.

95 Mulvany: Indexing Books, S. 103.

96 Vgl. Wellisch: Indexing from A to Z, S. 122–130.

97 Vgl. Browne/Jeremy: The Indexing Companion, S. 96.

98 Vgl. Fugmann: Das Buchregister, S. 39f.

99 Vgl. Wellisch: Indexing from A to Z, S. 126–129.

100 Deutsches Institut für Normung: Registererstellung, S. 4.

101 Vgl. Uschtrin: Die Kunst des Indexierens, S. 6.

102 Vgl. Mulvany: Indexing Books, S. 103–105.

103 Vgl. Browne/Jeremy: The Indexing Companion, S. 97.

104 Vgl. Stauber: Facing the Text, S. 271.

ding index format take into consideration the needs of its users.«[105] Tendenziell werden die Einträge eines Buchregisters jedoch in derselben Schrift wie der eigentliche Text des Buches gesetzt und in zwei oder mehr Spalten angeordnet.[106] Dabei kann zwischen zwei gängigen Formaten zur Strukturierung des Registers differenziert werden: Einerseits können Untereinträge und Querverweise jeweils in einer neuen Zeile beginnen, andererseits können diese auch fortlaufend und somit direkt hintereinander platziert werden.[107] Die Sortierung der einzelnen Registereinträge sowie deren Bestandteile erfolgt meistens in alphabetischer Reihenfolge, wobei hier entweder wort- oder buchstabenweise vorgegangen werden kann.[108] Grundsätzlich bieten verschiedene Gestaltungsrichtlinien detaillierte Stilempfehlungen zur Darstellung von Buchregistern an, welche als Orientierung dienen können.[109] Letztendlich obliegt die endgültige Entscheidung jedoch dem Verlag, der das Buch publiziert.[110]

105 Mulvany: Indexing Books, S. 191.
106 Vgl. Mulvany: Indexing Books, S. 192f.
107 Vgl. Fetters: Handbook of Indexing Techniques, S. 56f.
108 Vgl. Booth: Indexing: The Manual of Good Practice, S. 150–155.
109 Vgl. hierzu beispielsweise das Kapitel zu Indexen in The Chicago Manual of Style. 16. Aufl. Chicago/London: The University of Chicago Press 2010, S. 811–860.
110 Vgl. Mulvany: Indexing Books, S. 191.

3 BUCHREGISTER IM KONTEXT DIGITALER BÜCHER

Seit einigen Jahren verzeichnen E-Books sowohl in Deutschland als auch in anderen Ländern wie den USA oder Großbritannien kontinuierlich wachsende Umsatzzahlen.[111] Da hierbei vermehrt auch nicht-belletristische E-Books veröffentlicht werden[112], steigt die Relevanz einer hinreichenden Implementierung von speziellen Komponenten – wie etwa Inhaltsverzeichnissen oder Registern – zur adäquaten Nutzung dieser elektronischen Titel. Dennoch sind insbesondere Indexe in digitalen Büchern häufig nicht enthalten oder auf eine weniger effizient nutzbare Weise umgesetzt.[113] Nachfolgend soll daher die generelle Problematik bezüglich Buchregistern in E-Books skizziert werden, um daraufhin einerseits darzulegen, ob Register in digitalen Büchern im Hinblick auf technische Alternativen zur Informationsrecherche überhaupt notwendig sind und um andererseits zu erörtern, inwiefern die verschiedenen digitalen Index-Bestandteile an die technischen Gegebenheiten eines E-Books angepasst werden müssen. Abschließend soll der Frage nachgegangen werden, ob Register in digitalen Büchern einen Mehrwert für den Nutzer darstellen. Inkludiert werden soll hierbei außerdem ein Ausblick auf mögliche zukünftige Entwicklungen bei der Erstellung und Nutzung von E-Book-Indexen.

111 Vgl. Füssel, Stephan/Norrick-Rühl, Corinna: Einführung in die Buchwissenschaft. Unter Mitarbeit von Dominique Pleimling und Anke Vogel. Darmstadt: Wissenschaftliche Buchgesellschaft 2014, S. 109.

112 Vgl. Browne/Jeremy: The Indexing Companion, S. 136.

113 Vgl. Browne, Glenda: IDPF, EPUB and ebook indexes. In: The Indexer – The International Journal of Indexing Jg. 30 (2012) Nr. 3, S. 159f., hier S. 159.

3.1 Die generelle Problematik bei der Erstellung von Buchregistern für digitale Bücher

Unter einem E-Book kann im Wesentlichen eine elektronische Version eines Buches verstanden werden, welche sowohl auf stationären Computern als auch auf mobilen Endgeräten, wie zum Beispiel Tablets, Smartphones oder speziellen E-Book-Readern, gelesen werden kann.[114] E-Books können dabei sowohl als nachträgliche Adaption eines Printbuches entstehen als auch als ausschließlich für das elektronische Publizieren aufbereitete Inhalte.[115] Für die Ausarbeitung von Registern für digitale Bücher werden grundsätzlich ebenfalls die in den vorherigen Kapiteln genannten Prinzipien des closed-system indexing als Form des Zuteilungsindexierens angewendet, sodass die inhaltliche Gestaltung sowie der Aufbau von E-Book-Indexen den Registern von gedruckten Büchern gleicht.[116] Auch die Funktion von Buchregistern bleibt bestehen: »The purpose of indexing is the same as for non-electronic media – to enable people to find the information they need.«[117] Der Unterschied zu Registern aus Printbüchern manifestiert sich somit nicht in der intellektuellen Erstellung der Indexe – auch wenn hierbei aufgrund technischer Gegebenheiten teilweise ebenfalls kleinere Anpassungen vorgenommen werden müssen[118] –, sondern vor allem in Veränderungen aufgrund der Darstellung des Inhalts in digitaler Form.

Eine dieser Veränderungen von E-Books respektive der verschiedenen Endgeräte, mit denen digitale Bücher gelesen werden können, bildet die Volltextsuche.[119] Diese Option ermöglicht es dem Nutzer, gezielt nach einzelnen Wörtern beziehungsweise Zeichenketten innerhalb des Textes zu suchen und stellt somit – neben den für gedruckte Bücher bereits angesprochenen Methoden des »browsing« beziehungsweise der Nutzung des Inhaltsverzeichnisses oder des Registers – eine alternative Möglichkeit zum Auffinden von Informationen innerhalb eines E-Books dar.[120] Die Funktionen sowie die Umsetzung der Volltextsuche variieren dabei jedoch je nach

114 Vgl. Cleveland/Cleveland: Introduction to Indexing and Abstracting, S. 203.

115 Vgl. Browne, Glenda/Coe, Mary: Ebook Indexing. In: Index It Right! Advice From the Experts. 3. Aufl. Hrsg. von Enid L. Zafran. Medford: Information Today 2014, S. 29–45, hier S. 29.

116 Vgl. Mulvany: Indexing Books, S. 102.

117 Booth: Indexing: The Manual of Good Practice, S. 378.

118 Vgl. hierzu die Ausführungen in Kapitel 3.3.

119 Vgl. Browne, Glenda/Wright, Jan/Combs, Michele: EPUB3 indexes and the future of indexing. In: The Indexer – The International Journal of Indexing Jg. 31 (2013) Nr. 3, S. 110–121, hier S. 110.

120 Vgl. Browne, Glenda/Coe, Mary: Ebook Navigation: Browse, Search and Index. In: The Australian Library Journal Jg. 61 (2012) Nr. 4, S. 288–297, hier S. 290.

genutztem Gerät, teilweise ist diese sogar überhaupt nicht vorhanden.[121] Als Beispiele für die unterschiedliche Funktionalität der Suche sind etwa die Navigation zur Suchfunktion, die Darstellung der Suchergebnisse oder die Nutzung von Booleschen Operatoren anzuführen.[122] Das Problem dieser Thematik im Zusammenhang mit der Registererstellung bei E-Books ist die Tatsache, »[that] most publishers, when asked about indexes, point to search as a decent substitute.«[123] Vielfach besteht also die Annahme, dass es sich bei Indexen und der Volltextsuche um Substitute handele, wobei diese jedoch vielmehr als komplementäre Vorgehensweisen angesehen werden können.[124] Da das ausschließliche Implementieren einer Volltextsuche darüber hinaus unter ökonomischen Gesichtspunkten deutlich attraktiver für die Verlage ist, werden Register in digitalen Büchern häufig nicht umgesetzt.[125] Inwiefern sich die Volltextsuche von der Nutzung von Indexen unterscheidet und diese somit eine andere Zugangsmöglichkeit zu den Inhalten von E-Books liefern, soll im folgenden Kapitel erläutert werden.

Um sich mit den prinzipiellen Schwierigkeiten beim Indexieren von E-Books beziehungsweise bei der Adaption von Registern aus gedruckten Büchern auseinanderzusetzen, ist es von Nöten, die für die Registererstellung grundlegenden technischen Eigenschaften von digitalen Büchern zu betrachten: Hinsichtlich der Aufbereitung des Textes von E-Books kann zwischen sogenannten statischen und flexiblen Formaten unterschieden werden.[126] Als Standard im Bereich der statischen Formate gilt das Portable Document Format (PDF), welches den Text sowie grafische Elemente in einem zuvor festgelegtem Layout darstellt, sodass das E-Book weiterhin feste Seitenzahlen beinhalten kann.[127] Für flexible Formate hat sich Electronic Publication (EPUB) als Standard etabliert, welches vom International Digital Publishing Forum (IDPF) konzipiert wurde und ständig weiterentwickelt wird.[128] Bei E-Books im EPUB-Format passt sich der Text dynamisch an die jeweilige Bildschirmgröße des Ausgabegeräts an, gleichzeitig kann der Leser

121 Vgl. Meyers, Peter: Search Inside eBooks: Why Readers Look & What They're Finding. In: A New Kind Of Book. 18.08.2011. http://newkindofbook.com/2011/08/search-inside-ebooks-why-readers-look-what-they're-finding/ [22.12.2014].

122 Vgl. Browne/Coe: Ebook Navigation: Browse, Search and Index, S. 291f.

123 Meyers, Peter: Missing Entry: Whither the eBook Index? In: A New Kind Of Book. 02.09.2011. http://newkindofbook.com/2011/09/missing-entry-whither-the-ebook-index/ [22.12.2014].

124 Vgl. Browne/Wright/Combs: EPUB3 indexes and the future of indexing, S. 110.

125 Vgl. Meyers: Missing Entry: Whither the eBook Index?

126 Vgl. Browne/Coe: Ebook Navigation: Browse, Search and Index, S. 289.

127 Vgl. Füssel/Norrick-Rühl: Einführung in die Buchwissenschaft, S. 110.

128 Vgl. Browne/Coe: Ebook Indexing, S. 30.

eigenständig die Schrift, den Seitenrand oder Ähnliches verändern, was sich wiederum auf das Layout des Buches auswirkt.[129] Dies führt dazu, dass das Konzept der Seitenzahl bei EPUBs, als welche beispielsweise Sachbücher inzwischen bevorzugt publiziert werden[130], seine Gültigkeit verliert.[131] Wie in 2.2.2 erwähnt, stellt die Seitenzahl jedoch die typische Fundstellenangabe von Buchregistern dar. Während also Register von digitalen Büchern in statischen Formaten weiterhin zu den jeweiligen Seiten verlinken können, welche eine relevante Fundstelle enthalten, ergeben sich bei flexiblen Formaten wie EPUB Schwierigkeiten bei der Registererstellung von E-Books: »The loss of meaningful pages in ebooks with reflowable content has major implications for indexes, for which locators have usually come from the page numbers.«[132] Als Folge kommt es teilweise vor, dass Register in digitalen Büchern komplett ausgelassen werden – obwohl etwa die äquivalente Printversion des Buches bereits einen Index enthält[133] – oder ineffektive Registereinträge erstellt werden.[134] Letztere enthalten zum Beispiel Indexeinträge, jedoch keine Fundstellenangaben beziehungsweise werden Seitenzahlen aus gedruckten Büchern als Fundstellen angeführt, welche jedoch in flexiblen E-Book-Formaten keine Gültigkeit mehr besitzen.[135] Welche technischen Anpassungen für Register in digitalen Büchern mit flexiblen Formaten aufgrund dieser Problematik vorgenommen werden müssen, um dem Nutzer ein gezieltes Auffinden von Informationen zu ermöglichen, wird in Kapitel 4.3 differenzierter betrachtet.[136]

3.2 Digitale Alternativen zur Informationsrecherche als Konkurrenz zu Buchregistern in digitalen Büchern

Die technische Möglichkeit, digitale Bücher mithilfe der Volltextsuche nach bestimmten Wörtern zu durchsuchen, wird häufig als Argument dafür angeführt, dass die Erstellung eines Buchregisters für E-Books inzwischen hinfällig sei: »[S]ome people have assumed that the provision of search engines in

129 Vgl. Füssel/Norrick-Rühl: Einführung in die Buchwissenschaft, S. 110.

130 Vgl. ebenda, S. 110.

131 Vgl. Browne/Coe: Ebook Navigation: Browse, Search and Index, S. 293.

132 Browne/Coe: Ebook Indexing, S. 31.

133 Vgl. Bosschieter, Pierke: The Kindle and the indexer. In: The Indexer – The International Journal of Indexing Jg. 28 (2010) Nr. 3, S. 116–118.

134 Vgl. Cleveland/Cleveland: Introduction to Indexing and Abstracting, S. 204.

135 Vgl. Browne/Coe: Ebook Navigation: Browse, Search and Index, S. 293.

136 Vernachlässigt werden soll dabei die Betrachtung der Erstellung von Buchregistern in statischen Formaten wie PDF, da hierbei weiterhin Seitenzahlen als Fundstellenangaben genutzt werden können.

ebooks means that indexes are no longer needed.«[137] Da diese beiden Vorgehensweisen zum Auffinden von Inhalten in Informationssammlungen als äquivalent erachtet werden, gilt ein E-Book-Register teilweise als »a luxury item that adds cost to production.«[138] Dabei wird jedoch außer Acht gelassen, dass Indexe bei der Informationserschließung von digitalen Büchern eine wichtige Ergänzung zu Methoden, wie beispielsweise der Nutzung der Volltextsuche oder auch des Inhaltsverzeichnisses, darstellen, weil die Informationen eines Dokuments in einem Register auf andere Art und Weise aufbereitet werden.[139] Das Buchregister und die Volltextsuche bieten dem Nutzer demzufolge verschiedene Optionen zum Auffinden von Informationen in E-Books, welche sich insbesondere durch ihre Funktionalität differenzieren.

Für einen sinnvollen Einsatz der Volltextsuche zur Recherche müssen zwei Voraussetzungen durch den Text eines E-Books erfüllt werden: Einerseits muss es immer einen lexikalischen Ausdruck für den jeweiligen Suchbegriff geben, andererseits muss von exakt diesem Ausdruck in einem Werk durchgehend Gebrauch gemacht werden.[140] Die Volltextsuche kann also nur dann effektiv zur Informationsrecherche verwendet werden, wenn der Leser den genauen Wortlaut kennt, durch den ein Thema im Text ausgedrückt wird.[141] Nützlich ist die Volltextsuche somit etwa zum erneuten Lokalisieren von Informationen in bereits gelesenen Texten oder zum Recherchieren in einem Dokument, mit dessen Thematik der Leser sehr gut vertraut ist.[142] Auch das Auffinden von Individualbegriffen wie konkreten Personennamen kann in der Regel mithilfe der Volltextsuche erreicht werden.[143] In der Praxis kommt es jedoch häufiger vor, dass Nutzer durch die Verwendung der Volltextsuche kein von ihnen gewünschtes Rechercheergebnis erhalten.[144] Dies liegt in der generellen Methodik der Volltextsuche begründet, welche ausschließlich genau mit dem Suchbegriff übereinstimmende Zeichenketten innerhalb des Textes als Treffer anzeigt.[145] Aus diesem Grund können die in Kapitel 2.1.2 bereits aufgeführten recherchehinderlichen Eigenschaften

137 Browne/Wright/Combs: EPUB3 indexes and the future of indexing, S. 110.

138 Cleveland/Cleveland: Introduction to Indexing and Abstracting, S. 204.

139 Vgl. Browne/Coe: Ebook Indexing, S. 32.

140 Vgl. Fugmann: Inhaltserschließung durch Indexieren: Prinzipien und Praxis, S. 194.

141 Vgl. Browne/Coe: Ebook Navigation: Browse, Search and Index, S. 291.

142 Vgl. ebenda, S. 291.

143 Vgl. Deutsches Netzwerk der Indexer. Fragen. Computer und Software http://www.d-indexer.org/frag/computer.html [22.12.2014].

144 Vgl. Browne/Coe: Ebook Navigation: Browse, Search and Index, S. 291.

145 Vgl. Barnum, Carol u.a.: Index Versus Full-text Search: A Usability Study of User Preference and Performance. In: Technical Communication Jg. 51 (2004) Nr. 2, S. 185–206, hier S. 185.

der natürlichen Sprache nicht kompensiert werden, wodurch man bei der Volltextsuche »keine auch nur annähernd vollständigen Rechercheergebnisse erwarten [kann.]«[146] Im Speziellen können bei der Volltextsuche zum Beispiel Treffer angezeigt werden, welche für die eigentliche Suchanfrage nicht von Bedeutung sind, da etwa Homonyme auftreten sowie nicht zwischen beiläufigen und signifikanten Erwähnungen eines Themas differenziert wird.[147] Des Weiteren kann die Nutzung der Volltextsuche dazu führen, dass relevante Informationen innerhalb des Buches für den Leser unauffindbar sind, da weder die Vielfalt an gleichwertigen Ausdrucksweisen, welche sich beispielsweise in Synonymen oder Paraphrasen widerspiegelt, noch die Lückenhaftigkeit der natürlichen Sprache beachtet werden.[148] Gleichzeitig erfolgt keine Hinweisung auf verwandte Begriffe als Suchalternativen.[149] Auch wird der Inhalt von Bildern oder Grafiken von der Volltextsuche nicht erfasst, sodass darin enthaltenen Informationen sich nicht als Treffer finden lassen.[150] Ein weiteres Recherchehindernis kann die Anzeige der Suchergebnisse sein, welche bei vielen Ausgabegeräten als ungefilterte Liste in der Reihenfolge dargestellt werden, in der sie im Text vorkommen.[151] Die Fundstellen sind somit ungeordnet, sodass der Nutzer eigenständig alle Treffer durcharbeiten muss, um die von ihm gesuchte Information zu erhalten, was einen großen Zeitaufwand bedeuten kann.[152] Selbst wenn das Lesegerät über die Möglichkeit verfügt, die Treffer der Volltextsuche nach ihrer Relevanz zu ordnen – wie es etwa auch bei Internetsuchmaschinen der Fall ist – ist diese Reihenfolge wenig aussagekräftig, da die hierfür notwendigen Algorithmen in dem begrenzten Umfang eines E-Books nicht funktionieren[153]: »E-Books don't have enough content or enough users to provide adequate feedback for relevance ranking.«[154]

146 Fugmann: Inhaltserschließung durch Indexieren: Prinzipien und Praxis, S. 193.

147 Vgl. Lamb, James: Human or computer produced indexes? Why have a human-produced index where full text searching is available? 2008. In: Website der Society of Indexers http://www.indexers.org.uk/index.php?id=463 [22.12.2014].

148 Vgl. Fugmann: Inhaltserschließung durch Indexieren: Prinzipien und Praxis, S. 193.

149 Vgl. ebenda, S. 193.

150 Vgl. Lamb: Human or computer produced indexes?

151 Vgl. Browne/Coe: Ebook Navigation: Browse, Search and Index, S. 298.

152 Vgl. Cleveland/Cleveland: Introduction to Indexing and Abstracting, S. 204.

153 Vgl. Baker, Mark: Too Big to Browse; Too Small to Search. 03.03.2012. In: Every Page is Page One http://everypageispageone.com/2012/03/03/too-big-to-browse-too-small-to-search/ [22.12.2014].

154 Browne/Wright/Combs: EPUB3 indexes and the future of indexing, S. 111.

Es zeigt sich also, dass mit der alleinigen Nutzung der Volltextsuche zum Auffinden von Inhalten viele Probleme verbunden sind, welche zu einem eingeschränkten Informationsgewinn führen können.
Die genannten Probleme können jedoch durch von Indexern geschaffene Buchregister umgangen werden, da deren Einträge im Gegensatz zur Volltextsuche auf Basis einer intellektuellen Analyse des Textes gebildet werden.[155] Der generelle Vorteil von Buchregistern ist dabei, dass diese nicht auf die Verwendung exakter Stichwörter beschränkt sind, sondern ganze Themenkomplexe mit Schlagwörtern erfassen können: »[T]he ability to undertake thematic and concept-specific explorations of a book is hugely valuable.«[156] Zudem können durch die allgemeine Vorgehensweise des closed-system indexing als Form des Zuteilungsindexierens bei der Registererstellung von E-Books die durch die recherchehinderlichen Eigenschaften der natürlichen Sprache entstehenden Nachteile der Volltextsuche umgangen werden.[157] Auf diese Weise finden sich in einem E-Book-Register ausschließlich relevante Einträge, bei deren Indexieren selektiv vorgegangen wird, wodurch beiläufige Erwähnungen eines Themas nicht berücksichtigt werden.[158] Auch das Homonym-Problem kann durch die Verwendung eindeutiger »qualifier« relativ einfach aufgelöst werden.[159] Unter Zuhilfenahme von *siehe* -Verweisungen oder Doppeleinträgen kann zudem auf verschiedene Ausdrucksweisen eines Begriffes hingewiesen werden.[160] Dahingegen dienen *siehe auch*-Verweisungen sowie Untereinträge als alternative beziehungsweise weiterführende Schlagwörter.[161] Darüber hinaus können grafische Darstellungen von Informationen mithilfe der Analyse durch den Indexer ebenfalls in das Buchregister eingebunden werden, was bei der Volltextsuche ausgeschlossen ist.[162] Durch ihren systematischen Aufbau bieten Buchregister dem Nutzer ferner einen strukturierten Zugang zu den relevanten Inhalten eines digitalen Buches: Im Gegensatz zu der Trefferliste einer Volltextsuche kann der Leser in Indexen auf in Haupt- und Untereinträge gegliederte und mit Verweisungen und Fundstellenangaben versehene Registereinträge zurückgreifen, welche Themenkomplexe ordnen, ihre Komplexität darstellen

155 Vgl. Browne/Coe: Ebook Indexing, S. 32.
156 Meyers: Missing Entry: Whither the eBook Index?
157 Vgl. Fugmann: Inhaltserschließung durch Indexieren: Prinzipien und Praxis., S. 193f.
158 Vgl. Browne/Wright/Combs: EPUB3 indexes and the future of indexing, S. 111.
159 Vgl. Browne/Coe: Ebook Navigation: Browse, Search and Index, S. 292.
160 Vgl. Browne/Coe: Ebook Indexing, S. 32.
161 Vgl. Fugmann: Inhaltserschließung durch Indexieren: Prinzipien und Praxis, S. 193.
162 Vgl. Browne/Coe: Ebook Navigation: Browse, Search and Index, S. 292.

und auf verwandte Diskussionen verweisen.[163] Diese Eigenschaft von Indexen führt unter anderem dazu, dass Nutzer bei der Suche nach spezifischen Informationen in einem elektronischen Dokument unter Zuhilfenahme des Buchregisters in kürzerer Zeit mehr relevante Ergebnisse erzielen als mit der Benutzung der Volltextsuche.[164]

Insgesamt gilt demnach, dass die Möglichkeit zur Volltextsuche in E-Books zwar für bestimmte Recherchearten, wie beispielsweise dem Auffinden von Individualbegriffen, gut geeignet sein kann, jedoch ein intellektuell erstelltes Register nicht ersetzt. Vielmehr ist ein Buchregister als substanziell zur effizienten Informationsrecherche anzusehen und sollte daher insbesondere in nicht-belletristische E-Books integriert werden, da dies einen deutlichen Mehrwert für den Nutzer schafft.

3.3 Notwendige Anpassungen im Erstellungsprozess von Buchregistern in digitalen Büchern

Wie eingangs dargelegt, erfordert im Speziellen das flexible Format vieler E-Books – wozu unter anderem das weit verbreitete EPUB zählt – gewisse Adaptionen, welche vorwiegend technischer Art sind, sich aufgrund der variablen Textdarstellung jedoch teilweise auch auf den inhaltlichen Aufbau erstrecken, um die Nutzbarkeit von Registern in digitalen Büchern nicht einzuschränken.[165] Dies betrifft zunächst die Fundstellenangaben von Haupt- beziehungsweise Untereinträgen. Fundstellenangaben stellen auch in E-Book-Indexen einen essenziellen Bestandteil von Buchregistern dar, ohne den der Gebrauch dieser zum Auffinden bestimmter Informationen innerhalb des E-Books weitestgehend nutzlos ist.[166] Während Printbücher feststehende Seiten aufweisen, welche für Fundstellenangaben genutzt werden können, entfällt das grundsätzliche Konzept der Paginierung in vielen digitalen Büchern aufgrund ihres flexiblen Formats, »[which] led publishers to create ineffective indexes for ebooks.«[167] Nach den Ausführungen in Kapitel 2.2.2 ist die Voraussetzung zur Anfertigung einer effizienten Fundstellenangabe jedoch nur das Vorhandensein eindeutiger Merkmale innerhalb

163 Vgl. Browne/Wright/Combs: EPUB3 indexes and the future of indexing, S. 110f.

164 Vgl. Barnum u.a.: Index Versus Full-text Search: A Usability Study of User Preference and Performance, S. 202–204. Anzumerken ist, dass viele Nutzer in dieser Studie trotz besserer Ergebnisse bei der Verwendung des Registers im Anschluss paradoxerweise angaben, lieber die Volltextsuche zu nutzen.

165 Vgl. Browne/Coe: Ebook Indexing, S. 38.

166 Vgl. Browne/Coe: Ebook Navigation: Browse, Search and Index, S. 291.

167 Browne/Coe: Ebook Indexing, S. 31.

des Textes, welche die Fundstelle kennzeichnen: »So clearly the fundamental requirement for a working index is not a uniformly paginated edition, but a stable text containing enough unambiguous positional indicators that we can direct the reader to.«[168] Die Ausarbeitung von Fundstellenangaben in E-Book-Registern kann somit unabhängig von einer Paginierung des Buches ausgeführt werden, wozu jedoch eine technische Anpassung des digitalen Werkes notwendig ist.[169] Hierzu können drei wesentliche Methoden – Embedded Indexing, Tagging und Hyperlinking – genutzt werden, welche das Anfertigen eines aktiven Index ermöglichen, der durch Links auf die Fundstellen der Haupt- und Untereinträge verweist und nach demselben Prinzip auch verlinkte Querverweise erzeugen kann.[170]

Die Methode des Embedded Indexing wurde ursprünglich noch für die Bearbeitung von paginierten Texten entwickelt – »it simply allowed the indexing operation to be moved to before the page layout stage«[171] –, kann aber ebenfalls im Bereich des Indexierens von nicht paginierten E-Books eingesetzt werden.[172] Embedded Indexing basiert dabei auf dem Einfügen der eigentlichen Indexeinträge inklusive der zugehörigen Untereinträge oder Querverweise in diejenigen Textstellen des E-Books, auf die sich die Einträge beziehen.[173] Sobald alle Registereinträge in den Text eingearbeitet sind, generiert die Software, welche für das Embedded Indexing genutzt wird, den vollständigen Index aus den gesetzten Auszeichnungen und formatiert diese – ohne dass ein weiteres Eingreifen auf Seiten des Indexers nötig ist.[174] Damit für E-Books die Fundstellenangaben als aktive Verlinkungen und nicht als Seitenzahlen – wie es für die Erstellung von Registern in gedruckten Büchern üblich wäre, wozu Embedded Indexing ebenfalls genutzt werden kann – angezeigt werden, muss der Index anschließend mithilfe einer entsprechenden Software gerendert werden.[175] Die in den Text eingebetteten Registereinträge sind für den späteren Leser nicht sichtbar, können aber wäh-

168 Johncocks, Bill: New technology and public perceptions. In: The Indexer – The International Journal of Indexing Jg. 30 (2012) Nr. 1, S. 6–10, hier S. 6.

169 Vgl. Mulvany: Indexing Books, S. 102f.

170 Vgl. Browne/Coe: Ebook Indexing, S. 36. Der besseren Verständlichkeit halber soll auch hier auf eine Übersetzung der Begriffe ins Deutsche verzichtet werden.

171 Johncocks: New technology and public perceptions, S. 7.

172 Browne/Jeremy: The Indexing Companion, S. 136.

173 Vgl. Browne/Wright/Combs: EPUB3 indexes and the future of indexing, S. 112.

174 Vgl. Mulvany: Indexing Books, S. 253.

175 Vgl. Johncocks: New technology and public perceptions, S. 7.

rend der Bearbeitung des Dokuments ein- und ausgeblendet werden.[176] Zur Erstellung der Register für digitale Bücher mithilfe des Embedded Indexing können einerseits klassische Textverarbeitungs- und Layoutprogramme und andererseits Bearbeitungsprogramme für Dokumente in der Extensible Markup Language (XML) verwendet werden.[177] Die letztgenannte Option ist im Allgemeinen flexibler, aufgrund ihrer komplexen Struktur jedoch teilweise aufwendiger in der Bearbeitung.[178] Der generelle Vorteil des Embedded Indexing – sowohl für die Indexaufbereitung von E-Books als auch für paginierte Bücher – ist, dass kein separates Dokument für das Register benötigt wird.[179] Auf diese Weise können Informationssammlungen beliebig verändert oder neu zusammen gesetzt werden, wobei kein komplett neues Indexieren zur Erstellung eines Buchregisters durchgeführt werden muss.[180]

Alternativ zum Embedded Indexing kann das sogenannte Tagging zum Indexieren von digitalen Büchern ohne ein statisches Format genutzt werden, wovon beispielsweise große Verlagshäuser wie Elsevier, Oxford University Press oder Cambridge University Press Gebrauch machen.[181] Die Methode des Tagging umfasst »inserting a code or placeholder into the electronic text as a temporary locator«[182], wobei das Register in einem eigenständigen Dokument erstellt wird.[183] Anstelle der Registereinträge selbst – wie es beim Embedded Indexing der Fall ist – werden also eindeutige Codes in die entsprechende Stelle des Textes implementiert, welche als vorübergehende Fundstellenangaben dienen.[184] Später werden diese bei E-Book-Registern als Link angezeigt, weshalb der eigentliche Inhalt des Codes eher zweitrangig ist.[185] Dennoch lassen sich bei der Art der Markierung der Fundstelle zwei Vorgehensweisen unterscheiden: Der Platzhalter kann sich entweder aus einer aussagekräftigen Laufnummer oder einem arbiträren Code zusammensetzen, »[t]he only requirement of

176 Vgl. Lamb, James: Embedded Indexing. In: The Indexer – The International Journal of Indexing Jg. 24 (2005) Nr. 4, S. 206–209, hier S. 206.

177 Vgl. Browne/Jeremy: The Indexing Companion, S. 125.

178 Vgl. Combs, Michele: XML indexing. In: The Indexer – The International Journal of Indexing Jg. 30 (2012) Nr. 1, S. 47–52.

179 Vgl. Johncocks: New technology and public perceptions, S. 7.

180 Vgl. Lamb: Embedded Indexing, S. 206.

181 Vgl. Johncocks: New technology and public perceptions, S. 7.

182 Browne/Coe: Ebook Indexing, S. 36.

183 Vgl. Browne/Wright/Combs: EPUB3 indexes and the future of indexing, S. 113.

184 Vgl. Johncocks: New technology and public perceptions, S. 7.

185 Vgl. Lamb, James: Future publishing technologies and indexes. 11.02.2011. In: … turning it off and on again? http://ccgi.jalamb.com/2011/02/future-publishing-technologies-and-indexes/ [22.12.2014].

any location code is that it must be unique.«[186] Die letzte Variante ist dabei für gewöhnlich schneller, da ein arbiträrer Code per Computer relativ einfach generiert werden kann, während die Laufnummer vom Indexer manuell zugewiesen werden muss.[187]

Die letzte Methode zur Registererstellung bei nicht paginierten E-Books ist das Hyperlinking.[188] Normalerweise wird das Prinzip des Hyperlinking vor allem beim Indexieren von Webseiten eingesetzt, da E-Books aber viele strukturelle Parallelen zu größeren Webseiten aufweisen – »a continuous stream of text with no predetermined structure or breaks through which the reader slowly scrolls«[189] –, findet es auch bei digitalen Büchern Anwendung.[190] Hyperlinking greift dabei grundsätzlich auf eine Auszeichnungssprache, wie beispielsweise XML, zurück.[191] Dies ist der Grund dafür, dass Hyperlinking im Gegensatz zu den vorher genannten Methoden zwar zum Indexieren von E-Books genutzt werden kann, nicht aber von gedruckten Büchern.[192] Anders als beim Embedded Indexing oder Tagging wird beim Hyperlinking also eine Auszeichnungssprache verwendet, um die in einem anderen Dokument ebenfalls mit einer Auszeichnungssprache gekennzeichneten Registereinträge einer Verankerung innerhalb des Textes zuzuweisen, welche die Fundstelle markiert und als Anknüpfungspunkt für die spätere Verlinkung dient.[193] Wichtig ist hierbei erneut die Einzigartigkeit der in der Verankerung genutzten Kennzeichen, sodass die Software, mit der das Dokument abschließend gerendert wird, die jeweiligen Attribute des Registereintrags mit denen der Fundstelle verknüpfen kann.[194]

Insgesamt basieren alle genannten Methoden darauf, die Fundstellenangaben mithilfe von bestimmten Markierungen zu kennzeichnen, um so einen aktiven und mit Verlinkungen versehenen Index zu erzeugen. Grundlegend ist bei allen Vorgehensweisen die Entscheidung, auf welche Textsegmente die Fundstellenangaben des Buchregisters den Nutzer verweisen sollen beziehungsweise an welcher Stelle die Markierungen eingefügt werden.[195] Einen

186 Johncocks: New technology and public perceptions, S. 7.
187 Vgl. ebenda, S. 7.
188 Vgl. Browne/Coe: Ebook Indexing, S. 36.
189 Johncocks: New technology and public perceptions, S. 8.
190 Vgl. ebenda, S. 8.
191 Vgl. Browne/Coe: Ebook Indexing, S. 36.
192 Vgl. Johncocks: New technology and public perceptions, S. 8.
193 Vgl. Browne/Wright/Combs: EPUB3 indexes and the future of indexing, S. 113.
194 Vgl. Johncocks: New technology and public perceptions, S. 8.
195 Vgl. Browne/Wright/Combs: EPUB3 indexes and the future of indexing, S. 113.

großen Einfluss hierauf haben die generellen inhaltlichen und strukturellen Eigenschaften des E-Books: »The underlying and visible structure of the book will influence choice of text target, as will the nature of the content.«[196] Während E-Books mit statischen Formaten nach wie vor auf einzelne Seiten verweisen können, werden Fundstellenangaben in digitalen Büchern mit flexiblem Format in der Regel auf Paragraphen-, Abschnitts-, Satz- oder sogar Wortebene vorgenommen.[197] Ist ein Dokument bereits in logische Paragraphen oder Abschnitte gegliedert, bieten sich diese für inhaltlich zusammenhängende Fundstellenangaben an.[198] Paragraphen und Abschnitte liefern dem Nutzer zusätzlich auch den unmittelbaren Kontext eines im Text diskutierten Themas, allerdings können sie teilweise relativ umfangreich sein, was die Nutzbarkeit der Fundstellenangabe unter Umständen einschränkt.[199] Das Indexieren mit Fundstellenangaben auf Satz- oder Wortebene ist hingegen präziser und verweist den Nutzer direkt auf den für ihn relevanten Teil des Inhalts, dafür nimmt dieses Verfahren in den meisten Fällen mehr Zeit in Anspruch.[200] Es ist dabei besonders sinnvoll für Inhalte, welche im Text exakt benannt werden, wie zum Beispiel Namen oder Definitionen.[201] Dieses »pinpoint indexing«[202] kommt zudem Nutzern entgegen, die unmittelbaren Zugang zu einer Information wünschen ohne den kompletten Textbereich lesen zu müssen.[203] Dennoch ist darauf zu achten, dass die Fundstellenangabe so markiert wird, dass dem Leser genügend kontextuelle Informationen angezeigt werden, um die Fundstelle als sinnvoll einzustufen, falls diese in der ersten Zeile des Displays angezeigt wird.[204]

Neben der Auswahl der Textsegmente, auf die die Fundstellenangaben eines E-Book-Registers verweisen, muss auch festgelegt werden, auf welche Weise die verlinkte Fundstelle – also »the bits of the index that users view and/or click on«[205] – dargestellt werden sollen.[206] In E-Books ohne Paginierung

196 Ebenda, S. 113.
197 Vgl. Browne/Coe: Ebook Indexing, S. 31.
198 Vgl. Browne, Glenda: Section and paragraph number indexing. In: The Indexer – The International Journal of Indexing Jg. 30 (2012) Nr. 4, S. 177–179.
199 Vgl. Browne/Wright/Combs: EPUB3 indexes and the future of indexing, S. 113.
200 Vgl. Browne/Coe: Ebook Indexing, S. 31.
201 Vgl. Browne/Wright/Combs: EPUB3 indexes and the future of indexing, S. 113.
202 Ebenda, S. 113.
203 Vgl. Coe, Mary: The tyranny of the page. In: The Indexer – The International Journal of Indexing Jg. 30 (2012) Nr. 1, S. 2–5, hier S. 3.
204 Vgl. Browne/Wright/Combs: EPUB3 indexes and the future of indexing, S. 113.
205 Ebd., S. 114.
206 Vgl. Browne/Coe: Ebook Indexing, S. 40.

können sich diese etwa aus dem Text der Haupt- und Untereinträge oder den Paragraphen- und Abschnittsnummern zusammensetzen respektive aus fortlaufenden Buchstaben, Ziffern sowie speziellen Symbolen, falls ein Indexeintrag mehrere Fundstellen aufweist.[207] Um den Umfang einer Diskussion eines Themas kenntlich zu machen, kann anstelle der Angabe des Seitenbereichs – je nach den technischen Möglichkeiten des jeweiligen Lesegeräts beziehungsweise des Formats selbst – in E-Books mit flexiblem Format der betreffende Bereich des Textes beispielsweise durch eine farbliche Hinterlegung hervorgehoben werden.[208]

Die technischen Gegebenheiten eines nicht paginierten E-Books erfordern nicht nur eine Anpassung bei der Umsetzung der einzelnen Indexbestandteile und hierbei insbesondere der Fundstellenangaben, sondern im beschränkten Umfang auch bei der konkreten inhaltlichen Gestaltung des Buchregisters.[209] Zwar gelten auch beim Indexieren von E-Books die Prinzipien des closed-system indexing als Form des Zuteilungsindexierens, das flexible Layout vieler digitaler Bücher kann jedoch Veränderungen des Indexinhalts notwendig machen, um die Nutzbarkeit des Registers nicht einzuschränken.[210] Dies liegt vor allem in der Tatsache begründet, dass E-Books auf vielen verschiedenen Ausgabegeräten mit unterschiedlich großen Bildschirmen sowie Modifikationsmöglichkeiten bezüglich der Schriftart und -größe gelesen werden können.[211] Damit der Index auch auf kleinen Displays gut lesbar ist, sollte das Buchregister aus einer einzelnen Spalte bestehen, wobei es ratsam ist, die Haupt- und Untereinträge möglichst kurz zu gestalten, um ein Verrutschen in eine zweite Zeile zu vermeiden.[212] Auch ist es sinnvoll, die Anzahl der Untereinträge möglichst gering zu halten oder die Haupteinträge in exaktere Untereinträge aufzuteilen, »so that they all display under the main heading on one screen and readers don't have to scroll too far through the index.«[213] Des Weiteren sollte anstelle von Doppeleinträgen auf verlinkte Querverweise zurückgegriffen werden, da erstere beim Durch-

207 Vgl. Browne/Wright/Combs: EPUB3 indexes and the future of indexing, S. 114.

208 Vgl. ebenda, S. 114f.

209 Vgl. Browne/Coe: Ebook Indexing, S. 39.

210 Vgl. Mulvany: Indexing Books, S. 215–217.

211 Vgl. Fetters: Handbook of Indexing Techniques, S. 92.

212 Vgl. Humphreys, Nancy: How to Make an Ebook Index – 5 Tips. 10.02.2012. In: authormaps http://authormaps.com/make-an-ebook-index/ [22.12.2014].

213 Browne/Coe: Ebook Indexing, S. 39.

suchen des Registers mithilfe der Suchfunktion zu doppelten Treffern führen würden.[214]

Generell hängt die genaue Umsetzung eines Registers für digitale Bücher mit flexiblem Format somit von verschiedenen Faktoren ab, zu denen zum einen die technischen Voraussetzungen des Lesegeräts, der genutzten Software sowie die Möglichkeiten des verwendeten Formats, zum anderen auch der Inhalt des Buches, die Komplexität des Registers sowie die wahrscheinliche Zielgruppe des Werkes zählen. Im Vordergrund sollte bei der Erstellung von E-Book-Indexen jedoch immer die Funktion eines Registers, also dem Auffinden von Informationen durch den Nutzer, stehen: »Usability and accessibility should influence an indexer's decision making.«

3.4 Der Gebrauchsmehrwert von Buchregistern in digitalen Büchern

Prinzipiell stellt ein von einem professionellen Indexer angefertigtes Buchregister nicht nur in Print-, sondern auch in digitalen Büchern einen wichtigen Bestandteil des Werkes dar: Es ermöglicht dem Leser eine effiziente und umfassende Recherche zu im Text diskutierten Inhalten und ist gerade in nicht-belletristischen Titeln essenziell für die Nutzbarkeit der Bücher zum Auffinden von Informationen.[215] Die Implementierung von Buchregistern in E-Books bietet dem Nutzer somit einen Gebrauchsmehrwert gegenüber digitalen Büchern, die ohne Index publiziert werden.[216] E-Book-Register können demzufolge als »value-added component«[217] des digitalen Buches angesehen werden.

Dies liegt zunächst an dem Umstand, dass ein Index eine divergierende Möglichkeit zur Informationsrecherche liefert, welche – wie in 3.2 dargelegt – nicht mit Alternativen, wie der Verwendung der Volltextsuche oder des Inhaltsverzeichnisses, gleichgestellt werden kann.[218] So gewährt die intellektuelle Analyse des Textes beim Indexieren des E-Books einen strukturierteren und zugleich tiefergehenden Zugang zu den Informationen des Buches.[219] Der Gebrauchsmehrwert eines E-Books mit integriertem Buchre-

214 Vgl. Browne/Coe: Ebook Indexing, S. 39.

215 Vgl. Fassbender, Jochen: Brauchen E-Books Register? 07.10.2011. In: Online-Ausgabe des Börsenblatts – Magazin für den Deutschen Buchhandel http://www.boersenblatt.net/458345/ [22.12.2014].

216 Vgl. Browne/Coe: Ebook Navigation: Browse, Search and Index, S. 295.

217 American Society for Indexing: Indexes: Essential Navigation in eBooks. In: Website der American Society for Indexing http://www.asindexing.org/wp-content/uploads/legacy/files/DTTF/DTTFFlyer2012.pdf [22.12.2014].

218 Vgl. Browne/Wright/Combs: EPUB3 indexes and the future of indexing, S. 110.

219 Vgl. Browne/Coe: Ebook Indexing, S. 32.

gister manifestiert sich jedoch ebenfalls in den Vorteilen, die sich aufgrund der technischen Umsetzung und den vorgenommenen Anpassungen bei der Bearbeitung von Registern in digitalen Büchern ergeben.[220] Von Bedeutung ist hierbei vor allem die Option, ein aktives und mit Verlinkungen versehenes E-Book-Register zu generieren: Während der Leser in gedruckten Büchern selbstständig zu den für seine Suche relevanten Seiten blättern muss, genügt in einem Register in digitalen Büchern hierzu das Anklicken des betreffenden Links.[221] Darüber hinaus kann die Fundstelle einer Information in einem E-Book durch die im vorherigen Kapitel angesprochenen Methoden exakter, das heißt etwa auf Satz- oder Wortebene, angezeigt werden, was den Präferenzen des Nutzers entgegenkommt.[222] Im Allgemeinen sind die genannten Mehrwerte zum einen als positiv für den Nutzer anzusehen, zum anderen können sich diese für den Verlag, der ein Buchregister in seine digitalen Bücher integriert, als absatzfördernd erweisen: »In an age of info abundance, books that give readers more efficient ways to access what they need are books that are going to sell better.«[223]

Das Ausmaß des Gebrauchsmehrwerts eines Buchregisters in digitalen Büchern für den Nutzer hängt dabei generell immer auch von einer gelungenen Implementierung des Indexes in das E-Book ab. Gegenwärtig wird das Potenzial der technischen Gegebenheiten der verschiedenen Formate und Lesegeräte jedoch nur bedingt ausgeschöpft, was unter Umständen eine Einschränkung der Nutzerfreundlichkeit des Registers und somit auch des E-Books bedeuten kann.[224] Um diesem Problem bei digitalen Büchern im gängigen EPUB-Format entgegenzuwirken, hat das IDPF auf Initiative der Digital Trends Task Force der American Society of Indexing eine Arbeitsgruppe einberufen, welche die Aufgabe hat »to define a consistent way of encoding the structure and content of indexes in EPUB Publications.«[225] Grundsätzlich geht es also darum, das Codieren zur Identifizierung von bestimmten Bestandteilen eines Buchregisters, wie etwa Querverweise, für das EPUB-Format zu spezifizieren.[226] Auf diese Weise wird gewährleistet,

220 Vgl. Meyers: Missing Entry: Whither the eBook Index?

221 Vgl. Johncocks: New technology and public perceptions, S. 7–9.

222 Vgl. Barnum u.a.: Index Versus Full-text Search: A Usability Study of User Preference and Performance, S. 204.

223 Meyers: Missing Entry: Whither the eBook Index?

224 Vgl. Browne/Coe: Ebook Navigation: Browse, Search and Index, S. 292f.

225 International Digital Publishing Forum: EPUB Indexes 1.0. In: Website des International Digital Publishing Forums. 20.03.2014. http://www.idpf.org/epub/idx/ [22.12.2014].

226 Vgl. Browne/Coe: Ebook Indexing, S. 35.

dass die generierten Indexe durchgehend mit Verlinkungen versehen werden und zusätzlich Eigenschaften, wie das Ein- und Ausblenden von Untereinträgen oder dem Anzeigen von kontextuellen Informationen, beinhalten.[227] Darüber hinaus besteht die Möglichkeit für den Nutzer neue, auf den Index bezogene Funktionen zur Informationsrecherche zu verwenden – welche größtenteils in gedruckten Büchern nicht umgesetzt werden können –, wenn diese für die verschiedenen Lesegeräte aufbereitet werden.[228] Diese potenziellen Implementierungen umfassen beispielsweise das Durchsuchen eines Textabschnitts nach Fundstellenangaben respektive Indexeinträgen, welche dann zur weitergehenden Recherche genutzt werden können, oder die Einblendung eines sogenannten »pop-up index«, welcher parallel zum Text des E-Books angezeigt wird.[229] Des Weiteren zählt dazu die Nutzung eines digitalen Buches, welches ausschließlich aus unterschiedlichen Indexen anderer EPUBs besteht, auf welche durch Verlinkungen direkt zugegriffen werden kann.[230] Diese Neuerung ist besonders bei längeren Buchreihen als praktikabel einzustufen.[231] Zwar bedarf es zur erfolgreichen Umsetzung der aufgeführten Vorschläge auch der Mithilfe der Gerätehersteller sowie der Verlage[232], generell sind die Ergebnisse der Arbeitsgruppe jedoch ein wichtiger Schritt, »[which] will improve usability of ebook indexes for all users.«[233] Sollten E-Books zukünftig mit der Option zur Verwendung dieser Funktionen publiziert werden, ist dies ein zusätzlicher Gebrauchsmehrwert für den Nutzer – sowohl im Vergleich mit anderen digitalen Büchern ohne, aber auch mit integrierten Indexen, als auch hinsichtlich gedruckter Titel.

227 Vgl. Fetters: Handbook of Indexing Techniques, S. 94.
228 Vgl. International Digital Publishing Forum: EPUB Indexes 1.0.
229 Vgl. Browne/Wright/Combs: EPUB3 indexes and the future of indexing, S. 116f.
230 Vgl. Fetters: Handbook of Indexing Techniques, S. 95.
231 Vgl. Browne/Coe: Ebook Indexing, S. 35.
232 Vgl. ebenda, S. 35.
233 Browne/Wright/Combs: EPUB3 indexes and the future of indexing, S. 118.

4 Buchregister in digitalen Büchern als substanzielles Hilfsmittel zur Informationsrecherche

Alles in allem konnte im Verlauf dieser Arbeit eindeutig festgestellt werden, dass Buchregister in digitalen Büchern eine wichtige Funktion als substanzielles Hilfsmittel zum Auffinden von Inhalten innehaben. Die Volltextsuche als alternative Methode zur Informationsrecherche kann ein Buchregister dabei generell nicht substituieren, sondern stellt eine komplementäre Vorgehensweise dar. Die technische Erstellung von E-Book-Registern wird wiederum durch formatspezifische Eigenschaften des digitalen Buches dahingehend beeinflusst, als dass Fundstellenangaben anstatt auf festgelegte Seiten auf im Text verankerte Markierungen verweisen. Auf diese Weise kann jedoch ein interaktiver, verlinkter Index entstehen, der einen erkennbaren Gebrauchsmehrwert des E-Books für den Nutzer schafft.

Die genannten Ergebnisse basieren auf den Darlegungen der grundlegenden Begriffe und Vorgehensweisen der Registererstellung. Bei der Bestimmung des Registerbegriffs ist die Erkenntnis, dass Register auf Basis einer intellektuellen Analyse entstehen und die Inhalte auf andere Art strukturiert sind als im indexierten Original, von besonderer Bedeutung. Dies unterscheidet Indexe von konkordanzähnlichen Listen, wie beispielsweise den Trefferlisten einer Volltextsuche. Zudem lässt sich beim Vorgang des Indexierens zwischen den zwei Arten des Zuteilungs- und Extraktionsindexierens differenzieren. Erstere Indexierungsart dient der Registererstellung, da hierbei die recherchehinderlichen Eigenschaften der natürlichen Sprache durch die Vergabe von Schlagwörtern ausgeglichen werden können. Von Relevanz ist darüber hinaus die Unterscheidung zwischen dem open-system und closed-system indexing als Formen des Zuteilungsindexierens, da nur letztere Vorgehensweise für die Bearbeitung von Buchregistern in gedruckten oder digitalen Büchern genutzt werden kann. Die Beschreibung der Bestandteile und des Aufbaus von Buchregistern im Speziellen ist ebenfalls hinsichtlich der Implementierung von Buchregistern im Kontext digitaler Bücher bedeutsam, da sich E-Book-Register prinzipiell nach demselben Muster zusammensetzen. Die Auseinandersetzung mit der generellen Problematik bei der Erstellung von Buchregistern bei digitalen Büchern lässt deutlich werden, dass die zwei Hauptschwierigkeiten – namentlich das Vorhandensein von alternativen Recherchemethoden sowie die fehlende Paginierung – primär durch die Darstellung des Textes in einem neuen Format bedingt sind. Dies stellt jedoch – wie zuvor bereits erläutert – kein wesentliches Hindernis bei der Erstellung von E-Book-Registern dar.

Die Relevanz von E-Book-Registern bleibt auch im Hinblick auf alternative Möglichkeiten zur Informationsrecherche wie der Volltextsuche, welche dem Nutzer in vielen digitalen Büchern zur Verfügung steht, bestehen. Begründet liegt dies in dem Umstand, dass es sich bei dem Gebrauch einer Volltextsuche und eines Buchregisters um komplementäre Methoden handelt. Besonders aufgrund der intellektuellen Analyse beim Indexieren von digitalen Büchern, welche unter anderem die recherchehinderlichen Eigenschaften der natürlichen Sprache kompensiert und einen systematischen Zugang zu den Themenkomplexen des Textes bietet, kann eine Volltextsuche nicht als Substitut eines E-Book-Indexes dienen. Buchregister in digitalen Büchern sind somit keinesfalls als obsolet einzustufen, für einen umfassenden Zugang der Leser zu den Inhalten des Textes sollten Indexe vielmehr – zusammen mit anderen Optionen der Informationsrecherche – einen festen Bestandteil insbesondere nicht-belletristischer E-Books darstellen.

Festzuhalten ist außerdem, dass die technische Realisierung von digitalen Büchern trotz bestimmter formatspezifischer Eigenschaften von E-Books problemlos möglich ist, hierzu jedoch gewisse Anpassungen im Erstellungsprozess von Nöten sind. Bedingt wird dies vor allem durch das flexible Format vieler E-Books, welches eine dynamische Anpassung des Textes an die jeweilige Bildschirmgröße ermöglicht und auf diese Weise das Konzept der Seitenzahl als Fundstellenangabe – wie es in gedruckten Büchern üblich ist – hinfällig werden lässt. Alternativ hierzu können die Fundstellen jedoch mithilfe des Embedded Indexing, des Tagging oder des Hyperlinking durch spezielle Markierungen gekennzeichnet werden, was abschließend in einem aktiven und mit Verlinkungen versehenen Buchregister resultiert. Um die

Benutzerfreundlichkeit nicht einzuschränken, kann es zudem sinnvoll sein, zusätzliche inhaltliche Anpassungen vorzunehmen.

Ebenfalls kann konstatiert werden, dass Buchregister in digitalen Büchern die Nutzbarkeit des E-Books zum Auffinden von Inhalten deutlich erleichtern. E-Book-Register bieten dem Nutzer daher einerseits einen Gebrauchsmehrwert gegenüber digitalen Büchern ohne Register, andererseits sind Register in digitalen Büchern durch ihre aktiven Verlinkungen auch im Vorteil im Hinblick auf gedruckte Buchregister. Gesteigert werden könnte der Gebrauchsmehrwert durch eine verbesserte Darstellung der Indexe sowie durch eine Implementierung weiterer Funktionen innerhalb dieser. Hilfreich sind hierfür die Bemühungen, einen Standard für die vereinfachte Umsetzung von Indexen im weit verbreiteten EPUB-Format zu etablieren, wobei abgewartet werden muss, inwieweit die vielfältigen Möglichkeiten und neuen Optionen von Verlagen und Geräteherstellern umgesetzt werden, da dies zunächst auch immer mit Kosten verbunden ist. Kritisch anzumerken ist zudem, dass es für eine flächendeckende Etablierung von qualitativ hochwertigen Registern in vornehmlich nicht-belletristischen E-Books nötig ist, dass auch Marktgrößen wie Amazon eine verbesserte Umsetzung von Registern in den eigenen proprietären Formaten fördern.

Zusammenfassend lässt sich sagen, dass Buchregister in digitalen Büchern in ihrer Funktion als Hilfsmittel zum Auffinden von Informationen einen großen Nutzen für die Leser von E-Books haben. Durch den Gebrauchsmehrwert, den digitale Büchern durch die Implementierung eines Buchregisters bieten, besteht die Chance für Verlage, sich auf diese Weise von der Konkurrenz abzuheben, falls diese keine oder nur weniger gut umgesetzte E-Book-Register in ihre Produkte einfügt. Das Buchregister könnte in diesem Fall also für Marketingzwecke verwendet werden. Um darauf aufmerksam zu machen, dass ihr E-Book einen Mehrwert aufweist beziehungsweise wie umfassend ein Thema innerhalb eines Werkes besprochen wird, könnten Verlage den Index etwa in die Vorschau des E-Books einbauen. Es bleibt jedoch fraglich, inwiefern potenzielle Kunden den vorhandenen Nutzen auch erkennen und beispielsweise bereit sind, für den Mehrwert, der ihnen geboten wird, einen höheren Preis zu bezahlen.

Zukünftig wird es demnach interessant sein, zu beobachten, auf welche Weise Register in digitalen Büchern umgesetzt werden und inwiefern die Vorzüge dieser Suchhilfen sowohl auf Kunden- als auch auf Verlagsseite erkannt werden. Außerdem wäre es aufschlussreich zu untersuchen, ob Leser

Register in digitalen Büchern auf die gleiche Weise nutzen wie das gedruckte Äquivalent, um so herauszufinden, an welchen Stellen weiterer Verbesserungsbedarf besteht.

LITERATURVERZEICHNIS

Quellen

Gedruckte Quellen

Deutsches Institut für Normung: Indexierung zur inhaltlichen Erschließung von Dokumenten. Begriffe, Grundlagen (DIN 31623, Teil 1). Berlin: Beuth 1988.

Deutsches Institut für Normung: Registererstellung. Begriffe, Formale Gestaltung von gedruckten Registern (DIN 31630, Teil 1). Berlin: Beuth 1988.

International Organization for Standardization: Guidelines for the content, organization, and presentation of indexes (ISO 999). Genf: ISO 1996.

Uschtrin, Sandra: Die Kunst des Indexierens. Interview mit Jochen Fassbender. In: Federwelt – Zeitschrift für Autorinnen und Autoren Jg. 13 (2010) Nr. 83, S. 4–10.

Internetquellen

American Society for Indexing: Indexes: Essential Navigation in eBooks. In: Website der American Society for Indexing http://www.asindexing.org/wp-content/uploads/legacy/files/DTTF/DTTFFlyer2012.pdf [22.12.2014].

Baker, Mark: Too Big to Browse; Too Small to Search. 03.03.2012. In: Every Page is Page One http://everypageispageone.com/2012/03/03/too-big-to-browse-too-small-to-search/ [22.12.2014].

Deutsches Netzwerk der Indexer. Fragen. Computer und Software http://www.d-indexer.org/frag/computer.html [22.12.2014].

Fassbender, Jochen: Brauchen E-Books Register? 07.10.2011. In: Online-Ausgabe des Börsenblatts – Magazin für den Deutschen Buchhandel http://www.boersenblatt.net/458345/ [22.12.2014].

Humphreys, Nancy: How to Make an Ebook Index – 5 Tips. 10.02.2012. In: authormaps http://authormaps.com/make-an-ebook-index/ [22.12.2014].

International Digital Publishing Forum: EPUB Indexes 1.0. In: Website des International Digital Publishing Forums. 20.03.2014. http://www.idpf.org/epub/idx/ [22.12.2014].

Lamb, James: Future publishing technologies and indexes. 11.02.2011. In: … turning it off and on again? http://ccgi.jalamb.com/2011/02/future-publishing-technologies-and-indexes/ [22.12.2014].

Lamb, James: Human or computer produced indexes? Why have a human-produced index where full text searching is available? 2008. In: Website der Society of Indexers http://www.indexers.org.uk/index.php?id=463 [22.12.2014].

Meyers, Peter: Search Inside eBooks: Why Readers Look & What They're Finding. In: A New Kind Of Book. 18.08.2011. http://newkindofbook.com/2011/08/search-inside-ebooks-why-readers-look-what-they%E2%80%99re-finding/ [22.12.2014].

Meyers, Peter: Missing Entry: Whither the eBook Index? In: A New Kind Of Book. 02.09.2011. http://newkindofbook.com/2011/09/missing-entry-whither-the-ebook-index/ [22.12.2014].

Forschungsliteratur

Barnum, Carol u.a.: Index Versus Full-text Search: A Usability Study of User Preference and Performance. In: Technical Communication Jg. 51 (2004) Nr. 2, S. 185–206.

Beare, Geraldine: Past, present and future. In: The Indexer – The International Journal of Indexing Jg. 25 (2007) Nr. 4, S. 257–264.

Bertram, Jutta: Einführung in die inhaltliche Erschließung. Grundlagen – Methoden – Instrumente (Content and Communicaten – Terminology, Language Resources and Semantic Interoperability 2). Würzburg: Ergon Verlag 2005.

Booth, Pat F.: Indexing: The Manual of Good Practice. München: K. G. Saur 2001.

Bosschieter, Pierke: The Kindle and the indexer. In: The Indexer – The International Journal of Indexing Jg. 28 (2010) Nr. 3, S. 116–118.

Browne, Glenda: Section and paragraph number indexing. In: The Indexer – The International Journal of Indexing Jg. 30 (2012) Nr. 4, S. 177–179.

Browne, Glenda: IDPF, EPUB and ebook indexes. In: The Indexer – The International Journal of Indexing Jg. 30 (2012) Nr. 3, S. 159f.

Browne, Glenda/Coe, Mary: Ebook Indexing. In: Index It Right! Advice From the Experts. 3. Aufl. Hrsg. von Enid L. Zafran. Medford: Information Today 2014, S. 29–45.

Browne, Glenda/Coe, Mary: Ebook Navigation: Browse, Search and Index. In: The Australian Library Journal Jg. 61 (2012) Nr. 4, S. 288–297.

Browne, Glenda/Jeremy, Jon: The Indexing Companion. Cambridge u.a.: Cambridge University Press 2007.

Browne, Glenda/Wright, Jan/Combs, Michele: EPUB3 indexes and the future of indexing. In: The Indexer – The International Journal of Indexing Jg. 31 (2013) Nr. 3, S. 110–121.

Cleveland, Donald B./Cleveland, Ana D.: Introduction to Indexing and Abstracting. 4. Aufl. Santa Barbara/Denver/Oxford: Libraries Unlimited 2013.

Coe, Mary: The tyranny of the page. In: The Indexer – The International Journal of Indexing Jg. 30 (2012) Nr. 1, S. 2–5.

Collison, Robert L.: Book Collecting. London: Ernest Benn 1957.

Combs, Michele: XML indexing. In: The Indexer – The International Journal of Indexing Jg. 30 (2012) Nr. 1, S. 47–52.

Duden. Die deutsche Rechtschreibung. Auf Grundlage der aktuellen amtlichen Rechtschreibregeln (Duden Band 1). Hrsg. von der Dudenredaktion. 26., völlig neu bearb. u. erw. Aufl. Berlin: Bibliographisches Institut 2003, S. 883.

Fetters, Linda K.: Handbook of Indexing Techniques. A Guide for Beginning Indexers. 5. Aufl. Medford: Information Today 2013.

Fugmann, Robert: Das Buchregister. Methodische Grundlagen und praktische Anwendungen (Informationswissenschaft der DGI 10). Frankfurt am Main: Deutsche Gesellschaft für Informationswissenschaft und Informationspraxis e.V. 2006.

Fugmann, Robert: Inhaltserschließung durch Indexieren: Prinzipien und Praxis (Informationswissenschaft der DGD 3). Frankfurt am Main: Deutsche Gesellschaft für Dokumentation e.V. 1999.

Füssel, Stephan/Norrick-Rühl, Corinna: Einführung in die Buchwissenschaft. Unter Mitarbeit von Dominique Pleimling und Anke Vogel. Darmstadt: Wissenschaftliche Buchgesellschaft 2014.

Hiller, Helmut/Füssel, Stephan: Wörterbuch des Buches. 7., grundlegend überarb. Aufl. Frankfurt am Main: Vittorio Klostermann 2006.

Johncocks, Bill: New technology and public perceptions. In: The Indexer – The International Journal of Indexing Jg. 30 (2012) Nr. 1, S. 6–10.

Jörgensen, Corinne/Liddy, Elizabeth D.: Information access or information anxiety? – an exploratory evaluation of book index features. In: The Indexer – The International Journal of Indexing Jg. 20 (1996) Nr. 2, S. 64–68.

Klement, Susan: Open-system versus closed-system indexing. A vital distinction. In: The Indexer – The International Journal of Indexing Jg. 23 (2002) Nr. 1, S. 23–31.

Knorz, Gerhard: Informationsaufbereitung II: Indexieren. In: Grundlagen der praktischen Information und Dokumentation. 5., völlig neu gefasste Aufl. Hrsg. von Rainer Kuhlen, Thomas Seeger und Dietmar Strauch. München: K. G. Saur 2004, S. 179–188.

Lamb, James: Embedded Indexing. In: The Indexer – The International Journal of Indexing Jg. 24 (2005) Nr. 4, S. 206–209.

Lancaster, F. W.: Indexing and Abstracting in Theory and Practice. 3. Aufl. Champaign: University of Illionois/Graduate School of Library and Information Science 2003.

Mulvany, Nancy C.: Indexing Books. 2. Aufl. Chicago/London: The University of Chicago Press 2005.

Preschel, Barbara M.: Indexing for print, online, and CD-ROM. In: Indexing. The State of Our Knowledge and the State of Our Ignorance. Proceedings of the 20th Annual Meeting of the American Society of Indexers, New York City, May 13, 1988. Hrsg. von Bella Hass Weinberg. Medford: Learned Information 1989, S. 51–59.

Rautenberg, Ursula: Register. In: Reclams Sachlexikon des Buches. Hrsg. von Ursula Rautenberg. 2., verb. Aufl. Stuttgart: Philipp Reclam jun. 2003, S. 427f.

Schickerling, Michael/Menche, Birgit: Bücher machen. Ein Handbuch für Lektoren und Redakteure (Edition Buchhandel 13). Frankfurt am Main: Bramann Verlag 2004.

Stauber, Do Mi: Facing the Text. Content and Structure in Book Indexing. Eugene: Cedar Row Press 2004.

The Chicago Manual of Style. 16. Aufl. Chicago/London: The University of Chicago Press 2010.

Wellisch, Hans H.: Glossary of Terminology in Abstracting. Classification, Indexing and Thesaurus Construction. 2. Aufl. Medford: Information Today 2000.

Wellisch, Hans H.: Indexing from A to Z. 2., überarb. u. erw. Aufl. New York/Dublin: H. W. Wilson 1995.